RICK WARREN

Liderazgo
CON
PROPÓSITO

Lecciones de liderazgo

basadas en Nehemías

La misión de Editorial Vida es ser la compañía líder en comunicación cristiana que satisfaga las necesidades de las personas, con recursos cuyo contenido glorifique a Jesucristo y promueva principios bíblicos.

LIDERAZGO CON PROPÓSITO
Edición en español publicada por
Editorial Vida – 2008
Miami, Florida

© 2005 por Rick Warren

Traducción: *Andrés Carrodeguas / Victor Herrera*
Edición y adaptación de estilo: *David Fuchs / Esteban Fernández*
Correctoras: *María Ward / Anna M. Sarduy*
Diseño interior: *Grupo Nivel Uno, Inc.*
Diseño de cubierta: *CreatorStudio.net*

ISBN - 978-0-8297-4894-9

CATEGORÍA: *Iglesia cristiana / Liderazgo*

IMPRESO EN ESTADOS UNIDOS DE AMÉRICA
PRINTED IN THE UNITED STATES OF AMERICA

22 23 24 25 26 LBC 31 30 29 28 27

CONTENIDO

1

LA HECHURA DE
UN LÍDER

«Cuando el gobernante es <u>entendido</u>,
se mantiene el <u>orden</u>»[1]

«La tierra... por el hombre <u>entendido</u>
y <u>sabio</u> permanece <u>estable</u>»[2]

Un liderazgo bueno y fuerte; eso es lo que más necesita el mundo de hoy. Dondequiera que miramos —desde nuestros gobiernos hasta nuestros negocios, vecindarios y hogares—, nos encontramos rodeados por los devastadores resultados de la inestabilidad, la indecisión y la corrupción.

Con el gran aumento de libros y seminarios sobre liderazgo, tal vez te sorprenda la noticia de que los secretos de un liderazgo de excelencia no son nuevos. De hecho, los encontramos a lo largo de toda la Biblia. Nehemías, un hombre que vivió alrededor del año 450 a.C., es la inspiración de este libro. Escribió sobre todos los elementos del liderazgo que necesitamos hoy y dio ejemplo de ellos. Incluso lo hizo años antes de que se inventaran los seminarios sobre el liderazgo. Sin embargo, Nehemías no es el único ejemplo de los principios de liderazgo que enseña la Biblia.

La Biblia nos habla de los beneficios que produce un liderazgo bueno y sólido:

> «*Cuando el gobernante es <u>entendido</u>, se mantiene el <u>orden</u>*»[1]

Observa en particular que la Palabra habla de un gobernante entendido y de un orden que se mantiene. Las naciones, las familias, los negocios y las iglesias solo son fuertes y permanecen cuando hay un buen liderazgo. La *Biblia al día* dice: «*Con dirigentes honrados y sensatos hay estabilidad*». En medio de tanta conmoción y cambios repentinos que hoy vivimos, la estabilidad ha de ser el puntal que nos permita sobrevivir como sociedad. Solo hallaremos estabilidad por medio de un liderazgo bueno y firme. Eso significa que necesitaremos más personas dispuestas a reconocerse como líderes, y listas para aprender principios bíblicos de liderazgo, aceptando a su vez el desafío. Esa es la razón por la que escribí este libro.

En la pirámide del liderazgo se produce estabilidad cuando aumenta el número de líderes de igual forma que las tareas correspondientes. Si las tareas exceden al número de líderes, la pirámide se derrumba. Con los principios que examinaremos en este libro vas a aprender la forma de impedir que te aplasten.

Nehemías será nuestro guía en este emocionante recorrido dentro de los principios del liderazgo. En este primer capítulo veremos su trasfondo personal. Pero antes, quiero explicarte lo que me ha motivado a escribir este libro. Esto es lo que llamo *Los principios de liderazgo de Warren*:

1. Nada sucede hasta que alguien proporcione liderazgo
Es una ley de vida. La historia lo demuestra.

Mientras no apareció un hombre llamado Martin Luther King y dijo: «Tengo un sueño», el movimiento de Derechos Civiles de Estados Unidos no era nada.

El programa espacial de la NASA casi no existía hasta que el presidente John F. Kennedy dijo: «Vamos a poner un hombre en la luna antes que termine esta década».

Todo se edifica o se derrumba según sea el liderazgo

Cuando un hombre llamado Ray Crock dijo: «Quiero comida rápida a buen precio y en un ambiente limpio», fue cuando nació toda una industria llamada «de comida rápida».

La iglesia Saddleback comenzó porque Dios me dijo: «Rick, quiero que seas líder y pongas a andar esto».

Cuando en tu familia hay problemas, no sucede nada hasta que alguien asume el liderazgo y dice: «Vamos a hacer algo al respecto».

Todo se edifica o se derrumba según sea el liderazgo

A lo largo de toda la historia, e incluso en el mundo actual, la mayoría de los problemas se remontan a la falta de líderes competentes. El mundo necesita líderes preparados.

En el libro de los Jueces encontramos siete ciclos. Un día las cosas marchaban bien y la vida tenía un aspecto bastante bueno; pero al día siguiente andaban por el suelo. Vemos que este esquema se repetía una y otra vez. En el último versículo del libro de Jueces la Palabra lo resume así: *«En aquella época no había rey en Israel; cada uno hacía lo que le parecía mejor».*[3]

Donde no hay líderes, la gente hace *lo que mejor le parece*.

Y la consecuencia de esto es la inestabilidad.

2. Liderazgo es influencia

Dicho en una sola palabra, el liderazgo es influencia, para bien o para mal. Si alguna vez has visitado el patio de recreo de una escuela, o te has sentado con un grupo de adolescentes, a los cinco minutos ya sabrás quiénes son los líderes; basta ver cómo se relacionan entre sí. Si has estado alguna vez en una reunión de comité, es probable que hayas descubierto que muchas veces el líder no es el presidente del comité. El líder es la persona a la cual todos se mantienen mirando con el fin de averiguar lo que piensa. Cada vez que influimos sobre otra persona estamos asumiendo liderazgo.

El apóstol Pablo comprendía esto. Sabía que se había convertido en un modelo para los demás creyentes. Pablo entendía que Timoteo lo admiraba y quería que él viera que mientras recibía su influencia estaba influyendo sobre otros. Por eso escribió en 1 Timoteo 4:12: «*Que nadie te menosprecie por ser joven. Al contrario, que los creyentes vean en ti un ejemplo a seguir*».[4] El liderazgo no es una cuestión de edad. La edad no tiene nada que ver con el liderazgo. A cualquier edad podemos tener influencia y, lo cierto es que *eres* un modelo, quieras o no. Todos somos líderes en algún aspecto. Cada vez que influyes sobre otra persona, estás asumiendo el liderazgo.

Por tanto, la cuestión no es si eres líder o no. La pregunta es: ¿Eres un buen líder?

La Biblia define al líder como alguien que tiene capacidades dadas por Dios y la responsabilidad de influir sobre un grupo de creyentes con el fin de que se realicen los propósitos de Dios para ese grupo.

Nehemías es uno de los ejemplos más destacados de liderazgo que hay en la Biblia: ¿Por qué?

- Porque era un verdadero líder.

- Porque comprendía lo que el líder necesitaba ser y hacer.

- Porque se las arregló para realizar unas proezas increíbles en tiempo récord.

3. La prueba del liderazgo es esta: «¿Alguien te está siguiendo?»

Si quieres saber si eres líder o no, solo tienes que mirar hacia atrás por encima del hombro. ¿Te sigue alguien?

Jesús dijo: «*Mis ovejas oyen mi voz; yo las conozco y ellas me siguen*».[5] Pablo, nos dice: «*Imítenme a mí, como yo imito a Cristo*»[6]. No hay duda que los cristianos debemos seguir a Cristo. Pero también es cierto que todos necesitamos modelos humanos a seguir. Necesitamos ver en otros qué aspecto tiene el liderazgo.

John Maxwell nos ofrece esta parábola acerca del liderazgo: «El que cree estar guiando, pero nadie lo sigue, solo está dando un paseo». El liderazgo *no es* cuestión de títulos o de puestos. *Es* cuestión de influencia.

La mayoría de nosotros tendemos a asociar los títulos con el liderazgo. Es un error. Hay una gran diferencia entre ser jefe y ser líder. Ser líder es más que tener un puesto o un título. Son muchas las personas con autoridad que no tienen liderazgo. El verdadero líder no siempre es el funcionario elegido o el que es ascendido al puesto de presidente. Los verdaderos líderes son los que marcan el paso, los que influyen, los creativos que solucionan los problemas.

Una pista: Si le tienes que decir a la gente que eres el líder, si se lo tienes que recordar, es que no lo eres. El liderazgo es influencia. Si no estás influyendo sobre nadie, no importa que pienses que eres líder o no. No lo eres. El liderazgo es cuestión de influencia.

> *Si eres un verdadero líder, no se lo tienes que recordar a nadie.*

Esto es así incluso en los hogares. Cuando un esposo le dice a su esposa: «Lo vamos a hacer así, porque yo soy el líder espiritual», no es quien dice ser. Si eres un verdadero líder, no se lo tienes que recordar a nadie.

Decirle a tu hijo que obedezca «porque yo te lo digo» es una posición muy débil para motivarlo. Cualquier padre te dirá que a la larga, no funciona. La prueba de liderazgo es esta: ¿Te sigue alguien? No puedes forzar a nadie a seguirte, hagas lo que hagas. ¡Tienes que *inspirar* a la gente para que te siga!

4. El fundamento del liderazgo es el carácter, no el carisma.

Es probable que hayas visto un buen número de líderes con mucho carisma, cuyos ministerios no han durado gran cosa... porque han carecido de carácter. De hecho, algunos de ellos han tenido grandes defectos de carácter. Su encanto personal los ha sostenido durante un tiempo, pero al final se ha manifestado su falta de carácter.

¡Tienes que inspirar a la gente para que te siga!

El fundamento del liderazgo no es el carisma personal, sino el carácter. El carisma no tiene nada que ver con lo que hace que un líder sea eficaz. El liderazgo no tiene que ver con la posesión de una personalidad encantadora y llamativa, una gran sonrisa o una voz de terciopelo. Lo que *sí* necesitas es carácter y credibilidad. El liderazgo es influencia, y sin credibilidad, su influencia no irá muy lejos. Tal vez la gente te siga por un tiempo, pero no pasará mucho antes que se den cuenta de que vas por un camino que no lleva a ninguna parte.

Reputación es lo que la gente dice que eres. Carácter es lo que realmente eres.

D. L. Moody decía: «El carácter es lo que somos en medio de la oscuridad, cuando nadie nos está mirando». En su carta a Timoteo, Pablo presenta las características necesarias para el líder en la iglesia. Ni una sola vez menciona que se necesiten estudios de seminario. El liderazgo no se basa en lo académico. Es cuestión de carácter; es cuestión de *quién eres*.

No hay un tipo de personalidad concreto para los líderes. Tal vez hayas oído decir en el pasado que los líderes son personas de temperamento colérico, o que son personas que se hacen cargo de las situaciones. Pero hay líderes de todas las formas, de todos los tamaños y de todos los temperamentos. Dios quiere usar tu *personalidad*, tal como él mismo la creó. Observa los cuatro temperamentos distintos de los líderes que vemos en la Biblia:

> *Reputación es lo que la gente dice que eres. Carácter es lo que realmente eres.*

- Pablo era colérico.

- Pedro era sanguíneo.

- Moisés era melancólico.

- Abraham era flemático.

Cada uno de ellos era único, y totalmente distinto a los demás. Y Dios los usó a todos. El liderazgo no es cuestión de personalidad. No es necesario que seas extrovertido, sanguíneo o colérico para ser líder.

Lo que *sí* se necesita para el liderazgo es carácter. Es la única cosa que tienen en común todos los grandes líderes. Cuando una persona carente de carácter llega a un puesto de liderazgo, esos defectos de carácter causan su caída. Todos lo hemos visto pasar.

Nehemías era un hombre común y corriente que hizo cosas extraordinarias para Dios porque tenía carácter. Ese es el hombre que descubriremos al estudiar su vida.

A base de examinar las acciones y los ejemplos de otros líderes, podemos aprender de ellos. Sin embargo, no podemos imitar la personalidad de otro. Dios nos creó con una forma única. Cuando tratamos de imitar a alguien, nos consumimos. Así como las personas son distintas, también lo son los líderes. Su rasgo común está formado por la credibilidad y el carácter.

El siguiente pasaje nos señala tres características de los buenos líderes:

•Tienen un mensaje digno de recordar

«Recordad a vuestros guías, los que os comunicaron la palabra de Dios. Considerad atentamente cuáles hayan sido los resultados de su conducta hasta su muerte, e imitad su fe».[7] Cuando ellos hablan, la gente los escucha. ¿Hablas de tal manera que dejas huellas en el corazón de las personas?

•Tienen un estilo de vida digno de considerar

«Considerad atentamente cuáles hayan sido los resultados de su conducta». ¿Está de acuerdo la vida de ellos con su mensaje? ¿Y la tuya? ¿Vives de una manera que quieres que los demás estimen?

•Tienen una fe digna de imitar

«Imitad su fe». ¿Cuál es el mensaje de tu vida? ¿Qué le quiere decir Dios al mundo por medio de ti? Si quieres ser un buen líder, necesitas desarrollar un mensaje digno de ser recordado, llevar un estilo de vida digno de ser considerado y tener una fe digna de ser imitada. Todas estas cosas pertenecen al carácter.

> *Si quieres ser un buen líder, necesitas desarrollar un mensaje digno de ser recordado, llevar un estilo de vida digno de ser considerado y tener una fe digna de ser imitada.*

5. Se puede aprender a ser líder

Todos tenemos el potencial de llegar a ser grandes líderes. La Biblia dice: *«Pongan en práctica lo que de mí han aprendido, recibido y oído, y lo que han visto en mí».*[8] Pablo está diciendo: «Los líderes no nacen, se hacen». *Aprendemos* a ser líderes. No existen los líderes natos. Las personas se convierten en líderes por la forma en que responden ante las circunstancias. Los líderes se levantan o se derrumban según las decisiones que tomen.

El ministerio de Jesús refleja la alta prioridad que él le daba al adiestramiento de líderes. La Palabra nos muestra: «*Designó a doce —a quienes nombró apóstoles—, para que lo acompañaran y para enviarlos a predicar*». Jesús tenía un ministerio público que comprendía la predicación, la enseñanza y la sanidad. También tenía un ministerio privado, dedicado al adiestramiento de los discípulos.

¿Has conocido alguna vez líderes que tienen un círculo íntimo, unos pocos escogidos que son los que más tiempo pasan en la presencia de ellos? Hasta Jesús tuvo un círculo íntimo de discípulos que recibían una atención especial. Pedro, Jacobo y Juan fueron escogidos por él para que lo acompañaran al huerto de Getsemaní y al monte de la Transfiguración. Jesús sabía por adelantado las decisiones que ellos tomarían, y sabía lo que les podía pedir.

> En el momento en que dejemos de aprender, dejaremos de ser líderes.

En Gálatas, Pablo dice que Pedro, Jacobo y Juan son las columnas de la Iglesia. Jesús invirtió un máximo de tiempo en aquellos que cargarían con un máximo de responsabilidad. Alimentó a las multitudes, pero se pasó la mayor parte de su tiempo dedicado a adiestrar líderes, porque el liderazgo se puede aprender. ¿Estás invirtiendo tiempo en aprender a ser líder? Puesto que estás leyendo este libro, puedes responder que sí. Ahora bien, ¿qué va a pasar cuando termines de leer el libro? ¿Qué más estás agregando a tu agenda para asegurarte de que estás aplicando estos principios a tu realidad diaria?

En el momento en que dejemos de aprender, dejaremos de ser líderes.

Cuando un líder deja de aprender, también deja de ser líder. Para ser eficaces, necesitamos desarrollarnos, creciendo y convirtiéndonos continuamente en lo que Dios quiere que seamos. El aprendizaje para ser líder lleva toda una vida. No digo esto para desanimarte, sino para inspirarte a estar buscando siempre maneras de mejorar. Cuando estudiemos la vida de Nehemías en los próximos capítulos, veremos cómo Dios lo preparó y lo utilizó, y cómo usó la vida de las personas a las que él enseñó.

> *«Si el hacha pierde su filo, y no se vuelve a afilar, hay que golpear con más fuerza. El éxito radica en la acción sabia y bien ejecutada».*[9]

Hace falta más energía para cortar leña con un hacha sin filo, que con una afilada. Necesitamos aprender a trabajar con mayor inteligencia, no con mayor esfuerzo. La gente dice que el trabajo duro es el que da el éxito. Yo conozco muchas personas que trabajan duro, y sin embargo, no tienen éxito, porque no han aprendido a trabajar con mayor inteligencia. Todo lo que hacen es trabajar esforzadamente.

«Si el hacha pierde su filo, y no se vuelve a afilar, hay que golpear con más fuerza. El éxito radica en la acción sabia y bien ejecutada».

El hecho de que estés leyendo este libro y examinando estas lecciones sacadas de Nehemías dice más acerca de ti que acerca del autor. Dice que estás interesado en aprender a ser líder. La persona que piensa que ya sabe todo lo que necesitaba saber, se va a quedar atrás. El que dice: «Necesito aprender; necesito crecer», es el que va a tener éxito.

Hay una razón especial por la cual Dios ha puesto este libro en tus manos. El que lo estés leyendo ahora es evidencia de que él tiene un propósito para tu vida. Te diseñó para el liderazgo. Quiere que influyas en la vida de los demás. Veamos…

El trasfondo de la historia de Nehemías

La ciudad de Jerusalén fue destruida en el año 586 a.C. Los judíos que vivían allí fueron deportados a Babilonia (hoy en día le damos el nombre de Irak a ese lugar). Debían estar en el cautiverio durante setenta años, pero en el 537 se le permitió a un primer grupo que regresara. En el 516 se reconstruyó el templo de Jerusalén. Esdras fue el líder del segundo grupo de judíos que regresó a Jerusalén en el 458. Luego, en el 445, Nehemías pidió autorización para volver a Jerusalén con un tercer grupo, a fin de reconstruir los muros de la ciudad.

En aquellos días, las ciudades estaban protegidas por los muros que las rodeaban. Si un enemigo atacaba la ciudad, le podía tomar hasta seis meses abrirse paso para entrar, gracias a esos muros. Cuando Nehemías entró en escena, los muros de Jerusalén habían estado destruidos durante décadas.

Ya para entonces, los judíos habían estado viviendo en cautiverio en Babilonia durante algún tiempo. Finalmente se les permitió ir regresando poco a poco, y después se les permitió reconstruir el templo. Pero la ciudad seguía en ruinas y los muros seguían siendo un montón de escombros. Esto creaba dos grandes problemas:

I. Los habitantes estaban indefensos

Sin protección alguna, los habitantes eran vulnerables ante los ataques y las provocaciones. Al saberse indefensos, también se sentían desalentados y derrotados. Cuando un ejército entraba a una ciudad y se apoderaba de ella, lo primero que hacía era destruir sus muros. Era un símbolo de la derrota y el desamparo. Jerusalén, con sus muros destruidos, era una deshonra para el pueblo de Dios. Les decía: «Dios los ha abandonado».

Muchos de ellos creían que lo había hecho. Al fin y al cabo, su cautiverio era consecuencia de su desobediencia. Dios había dicho: «Si no comienzan a comportarse como el pueblo escogido que son, yo voy a permitir que entre a su ciudad una nación enemiga». No se comportaron como era debido, de manera que él permitió la entrada de la nación enemiga. Dios cumple lo que promete.

Ahora estaban de vuelta y hasta habían reconstruido el templo. Pero estaban viviendo en medio de los escombros, su moral estaba por el suelo, se sentían derrotados, desalentados y deprimidos. Como es natural, creían que Dios seguía enojado con ellos. ¿Qué hace falta en un momento así? Hace falta un líder.

Y aquí entra en escena Nehemías.

> *«Éstas son las palabras de Nehemías hijo de Jacalías: En el mes de Quisleu del año veinte, estando yo en la ciudadela de Susa, llegó Jananí, uno de mis hermanos, junto con algunos hombres de Judá. Entonces les pregunté por el resto de los judíos que se habían librado del destierro, y por Jerusalén. Ellos me respondieron: "Los que se libraron del destierro y se quedaron en la provincia están enfrentando una gran calamidad y humillación. La muralla de Jerusalén sigue derribada, con sus puertas consumidas por el fuego". Al escuchar esto, me senté a llorar; hice duelo por algunos días, ayuné y oré al Dios del cielo».[10]*

Lo que estamos leyendo aquí es el diario de Nehemías. Es su propia historia personal, escrita por él mismo. En sus propias palabras, leemos cómo consiguió el permiso de un rey extranjero —un hombre que no era creyente— para volver a Jerusalén y reconstruir sus muros. Aquel era el mismo rey que había ordenado anteriormente que no se reconstruyeran los muros la primera vez que los judíos habían intentado hacerlo. Tal vez hayas tenido la experiencia de tratar de cambiar la manera de pensar de alguien después que te ha negado con gran firmeza lo que le pedías. ¡No es fácil! Nehemías hizo que eso sucediera. En este notable diario personal vamos a poder mirar al interior de este líder.

«Estando yo en la ciudadela de Susa…» Susa no era la capital del Imperio Persa, sino más bien una especie de palacio veraniego. Nehemías nos dice: *«En aquel tiempo yo era copero del rey».* Así se ganaba la vida. Eso era él, un copero.

En el Antiguo Testamento se conoce a este rey por tres nombres distintos. En algunos lugares se le llama «Artajerjes», que significa «gran rey». En otros se lo llama «Hazaras», que significa «padre venerable». En el libro de Daniel se le da el nombre de «Darío el medo». Esto nos dice algo sobre la forma en que consideraban los pueblos a sus gobernantes en aquellos días, ya que un solo hombre era conocido con tres nombres distintos.

Es probable que Nehemías, al ser copero del rey, ocupara el segundo puesto en importancia dentro del reino. El copero del rey era una combinación de Primer Ministro, guardaespaldas, agente personal de seguridad y ayudante del rey. Era la persona en la que más confiaba el rey. El título de Nehemías se origina en la parte de sus responsabilidades que incluía la obligación de probar el vino antes que lo bebiera el rey, para asegurarse de que no estuviera envenenado. En aquellos días los intentos de asesinato eran cosa común. Si caía el copero, el rey sabría que se trataba muy probablemente de algo más que un simple vino en mal estado. Había muchas personas a quienes no les agradaba Artajerjes, así que el oficio de Nehemías era bastante peligroso.

Nehemías tenía que ser totalmente leal y digno de confianza, y Artajerjes le había confiado su propia vida. Aunque es probable que Nehemías naciera en Babilonia durante el cautiverio, no era persa; sin embargo, ocupaba el segundo puesto en autoridad y era una gran figura dentro del gobierno persa. Dios siempre tiene <u>su</u> manera de poner a <u>su</u> gente en la posición necesaria y en el momento preciso.

Jananí, uno de los hermanos de Nehemías, acababa de regresar de un viaje a Jerusalén. Puesto que

> *Dios siempre tiene <u>su</u> manera de poner a <u>su</u> gente en la posición necesaria y en el momento preciso.*

Jerusalén está a una distancia de entre mil trescientos y mil seiscientos kilómetros de Susa, es probable que le hubiera llevado unos dos meses hacer el viaje a lomo de camello, atravesando el desierto; un viaje nada fácil. Nehemías le pidió noticias a Jananí. Quería saber todo lo que le estaba sucediendo a la familia en Jerusalén.

«Solo traigo malas noticias», le dijo Jananí. «El pueblo está deprimido, nuestros parientes están desalentados y los muros siguen en el suelo. Han reconstruido el templo, pero toda la ciudad está en ruinas. Están invadiendo la ciudad y el pueblo está realmente desalentado. ¡Malas noticias, hermano!»

En el versículo 4 vemos la reacción de Nehemías: «*Al escuchar esto, me senté a llorar; hice duelo por algunos días, ayuné y oré al Dios del cielo*».

Nehemías se siente triste con las noticias, y avergonzado por el pueblo de Dios. En los versículos siguientes leeremos su oración. También veremos que no oró una hora solamente; ni siquiera un solo día. Las Escrituras dicen que oyó las noticias en el mes de *Quisleu*, y fue en el mes de Nisán cuando el rey lo dejó ir. Había estado orando, llorando, ayunando y lamentándose durante cuatro meses. Es claro que se había tomado en serio aquellas noticias, y que las guardaba en lo más profundo del corazón.

Nehemías es hombre de oración. En su diario leemos once oraciones; más que en casi cualquier otro libro de la Biblia. ¿Por qué crees que Dios lo escogió para que fuera líder? ¿Habrá tenido algo que ver su vida de oración?

• **¿Por qué escogió Dios a Nehemías como líder?**

Entre todas las personas posibles, ¿por qué escogió Dios a Nehemías, el copero de un rey pagano? Hay tres razones: Veamos…

II. Nehemías era sensible ante las necesidades que veía a su alrededor.

Dios vio el corazón de Nehemías, y lo que vio lo hizo sonreír. Nehemías era un hombre al que le importaba lo mismo que le importaba a Dios. Él llevaba una buena vida en Babilonia. Sí, era judío, pero había nacido allí en Babilonia, durante el cautiverio. Ni siquiera había visto jamás a Jerusalén. Le debe haber parecido que aquellos problemas estaban a un millón de kilómetros de distancia. Pero cuando oyó hablar del pueblo de Dios —deprimido, desalentado y derrotado—, se tomó en serio aquellas noticias.

Los líderes son sensibles ante las necesidades de la gente que los rodea.

Este es el primer Principio de Liderazgo que hallamos en el libro de Nehemías. Dios usa personas a las que les importe lo mismo que a él le importa. A Dios le importó que los muros de Jerusalén estuvieran por el suelo. A Nehemías le importó lo que le importó a Dios, y eso hizo de él un líder.

Los líderes son sensibles ante las necesidades de la gente que los rodea.

Bob Pierce, el fundador de World Vision, decía: «Quiero que mi corazón se quebrante ante las mismas cosas que le quebrantan el corazón a Dios». La primera cualidad de un gran líder es la sensibilidad ante las necesidades que ve a su alrededor.

III. Nehemías era digno de confianza

Nehemías era un hombre de buena reputación. Artajerjes le había encomendado su seguridad personal. Eso significa un grado muy alto de confianza. Dios usa personas que sean dignas de confianza, seguras y fieles.

«*El que es honrado en lo poco, también lo será en lo mucho; y el que no es íntegro en lo poco, tampoco lo será en lo mucho. Por eso, si ustedes no han sido honrados en el uso de las riquezas mundanas, ¿quién les confiará las verdaderas? Y si con lo ajeno no han sido honrados, ¿quién les dará a ustedes lo que les pertenece? Ningún sirviente puede servir a dos patrones. Menospreciará a uno y amará al otro, o querrá mucho a uno y despreciará al otro. Ustedes no pueden servir a la vez a Dios y a las riquezas».*[11]

Lucas presenta cuatro formas en que Dios pone a prueba nuestra fidelidad. Una de ellas consiste en observar cómo servimos en el ministerio bajo otro líder. Antes de darnos un ministerio propio quiere ver cómo tratamos el liderazgo de otro.

> *La primera cualidad de un gran líder es la sensibilidad ante las necesidades que ve a su alrededor.*

Otra de las formas tiene que ver con el manejo de nuestro dinero. La Biblia indica con claridad que nuestro estilo personal en la administración del dinero determina lo mucho que Dios puede bendecir nuestra vida. Si no se nos pueden confiar las riquezas terrenales, ¿quién nos va a confiar los verdaderos tesoros espirituales?

¿Hasta qué punto quieres que Dios te bendiga? La elección es tuya. Pídele que te haga digno de confianza y generoso, tal como él mismo es digno de confianza y generoso.

IV. Nehemías era dispuesto

Cuando se necesitó un líder, Nehemías dijo: «¡Yo me ofrezco! ¡Aquí estoy; envíame a mí!» Tenía el cargo más envidiable de todo el reino, y el problema estaba a mil seiscientos kilómetros de distancia. Le llevaría dos meses llegar allí en camello. Habría sido mucho más fácil quedarse donde estaba, llevando la vida fácil de palacio.

Pero Nehemías dice: «¡Yo voy! ¡No soy constructor, pero voy a reconstruir los muros!» Él no tenía las habilidades necesarias para ese trabajo, pero sí tenía un corazón bien dispuesto. Dios lo escogió porque era sensible y de confianza, y se había puesto a su disposición.

Dios no busca tanto, en los líderes, las capacidades como la credibilidad, la confiabilidad y la disponibilidad. Esas cualidades son todas,
cuestión de decisión. Tal vez tú
digas: «Yo no tengo los dones, el
talento o el intelecto necesario». Sin
embargo, no es esa la pregunta que
Dios te está haciendo.

Dios no busca tanto en los líderes las capacidades como la credibilidad, la confiabilidad y la disponibilidad.

Dios quiere saber:

- ¿Se puede creer en ti?
- ¿Tienes carácter?
- ¿Se halla tu carácter en crecimiento?
- ¿Eres sensible ante la gente?
- ¿Eres digno de confianza?
- ¿Puede Dios apoyarse en ti?
- ¿Estás dispuesto?

Nada sucede mientras no haya quien proporcione el liderazgo para hacerlo.

Todo se levanta o se derrumba según lo hagan los líderes.

Dios quiere usarte como líder en tu hogar, tu negocio o tu iglesia.

¿Estás dispuesto a dejar que Dios te utilice? ¿Estás listo para el liderazgo?

REFLEXIONES ACERCA DEL LIDERAZGO

Reflexionemos...
- ¿Eres sensible ante las necesidades que ves a tu alrededor, o te encuentras tan absorto con lo que estás haciendo, que no puedes escuchar la voz de Dios?

- ¿Estás consciente de las necesidades que tienen los miembros de tu familia?
- ¿Estás consciente de las necesidades de tus compañeros de trabajo?
- ¿Estás consciente de las mayores necesidades que tiene tu iglesia?
- ¿Las podrías mencionar ahora mismo?
- ¿Qué te rompe el corazón?
- ¿Eres de fiar?
- ¿Eres digno de confianza?
- ¿Estás dispuesto?

«Dios mío, quiero estar dispuesto a dejar que tú me uses en el lugar, momento y forma que quieras».

«Dios mío, quiero estar dispuesto a dejar que tú me uses en el lugar, momento y forma que quieras».

Si tú dices estas palabras con sinceridad, Dios te va a utilizar. Y cuando te dejes usar, Dios lo va a hacer en gran medida. En estos días que la gente está buscando deportes extremos y adrenalina, no habrá emoción más grande que la de dejarnos usar por Dios para su reino.

Padre, te pedimos que nos sintamos retados por la vida de Nehemías cuando estudiemos a este hombre. Los principios tienen miles de años, pero se aplican hoy en nuestra vida agitada. Señor, queremos ser sensibles y dignos de confianza, y ponernos a tu disposición. En el nombre de Jesús. Amén.

Guía para la aplicación del principio
del capítulo 1

La hechura de un líder

Aplicando los propósitos de Dios
¿Cómo puedes ser un líder para el Señor?

Comunión — Como cristianos no podemos sobrevivir solos. Necesitamos gente que piense igual que nosotros para crecer y prosperar. Los pastores y líderes especialmente, necesitan el apoyo de sus amigos para seguir adelante. Un Grupo Pequeño puede hacer una gran diferencia en el desarrollo de tu vida espiritual.

- ¿Perteneces a un Grupo Pequeño, o tienes un amigo de confianza?
- ¿Cómo puedes ayudar a otros miembros del Cuerpo de Cristo a convertirse en líderes capaces?
- ¿Hay alguien en tu grupo o iglesia a quien puedes apoyar en tu crecimiento espiritual?

Discipulado — Aprender a ser un líder efectivo requiere aprender a ser más como Cristo.

- ¿De qué manera estás desarrollándote como discípulo de Cristo al estudiar esta lección?
- ¿Qué puedes hacer adicionalmente para asegurarte que estás perfeccionando tus habilidades como líder?
- Recuerda que el ejemplo de Cristo es servir a otros.
- El liderazgo requiere madurez, la madurez necesaria para entender que no debes esperar las condiciones adecuadas. Empieza donde estás.
- ¿Dónde crees que Dios necesita de tu liderazgo?
- Escribe lo que piensas. ¿Cuál será tu siguiente paso?

Ministerio — Donde quiera que interactuemos con el Cuerpo de Cristo, de alguna manera nos ministramos unos a otros.

- ¿Qué propósito crees que Dios quiere alcanzar a través de tu grupo?
- ¿Cómo querría El usarte para alcanzar Su propósito?
- ¿Qué pasos puedes dar para tomar conciencia del ejemplo que tú debes ser para otros cristianos? Apunta las posibilidades que Dios te está sugiriendo.
- Decide convertirte en una influencia para bien.

Evangelismo — Cuando influenciamos a otros para Cristo, nos convertimos, en efecto, en Sus manos y Sus pies. Jesús pasó su tiempo en la Tierra entrenando a otros para que sean como El y prediquen Su ejemplo cuando Su tiempo en la Tierra haya terminado.

- ¿Qué es lo que has aprendido de Jesús que puedas aplicar en la actualidad para alcanzar el mundo para El? Haz una lista de los momentos de tu vida en los que hayas sentido la presencia de Jesús de una manera especial. Esas son las áreas en las que El quiere usarte para alcanzar a otros.
- Piensa en un líder que conoces y que haya sido tu Jesús de "carne y hueso". Piensa en cómo esta persona influenció en tu decisión de seguir a Cristo más cercanamente.
- Planea convertir tus acciones en ejemplos que permitan alcanzar a quienes te interesan.
- Decide dirigir a la gente hacia Cristo a través de tu ejemplo —no los ahuyentes.

Adoración — Cuando adoramos a Dios, aprendemos más acerca de lo que El es.

- ¿Cómo puede el tiempo que destinas diariamente a la adoración influenciar tu carácter personal?

- ¿Qué puedes incorporar en tu tiempo de adoración para lograr un cambio de vida en ti y otros?
- Tómate en este instante unos momentos para agradecer a Dios por Su ejemplo y pídele que te ayude a ser más como El.

PUNTOS DE REFLEXIÓN:

Lee de nuevo el pasaje de Nehemías al inicio del capítulo. Nehemías reconoció que el pueblo de Jerusalén estaba indefenso, vencido y desprotegido. Ellos necesitaban desesperadamente de liderazgo. Piensa en cuál fue el origen de su problema.

- ¿Existen condiciones similares en el mundo actual?
- Nehemías estaba dispuesto a dejar una posición segura y cómoda para ayudar a su pueblo. ¿Qué estás dispuesto a dejar para solucionar los problemas que Dios te ha revelado?

Recuerda, en liderazgo la confianza es más importante que la disponibilidad. ¿En quién puedes siempre confiar? En el próximo capítulo, descubriremos el rol de la oración en el liderazgo, así como aprenderemos a depender del Máximo Líder — Dios.

2

LA ORACIÓN DE
UN LÍDER

«*Yo he buscado entre ellos a alguien que se interponga
entre mi pueblo y yo, y saque la cara por él...
¡Y no lo he hallado!*». [1]

«Si se llevara a cabo un estudio para descubrir las
causas secretas de cada edad de oro de la historia
humana, no debería sorprendernos que todo proce-
de de la devoción y la pasión correcta de una solo
individuo. No hay movimientos de masa genuinos;
solo aparentan serlo. En el centro de la columna
siempre estará la persona que conoce a Dios, y que
sabe dónde va».
    Richard Ellsworth Day, Filled! With the Spirit. [2]

«Constantemente nos sentimos presionados, por no
decir tensos, ante la necesidad de proporcionar nuevos métodos, nuevos planes, nuevas organizaciones

que hagan avanzar a la Iglesia y aseguren su crecimiento y eficiencia. Sin embargo, el método de Dios son los seres humanos. La Iglesia anda en busca de métodos mejores; Dios anda en busca de mejores hombres».

E. M. Bounds, Power Through Prayer.[b]

Dios anda en busca de gente que él pueda usar. Anda en busca de líderes, porque nada sucede mientras no haya alguien que proporcione el liderazgo. Todo se levanta o se derrumba de acuerdo al liderazgo que exista.

La eficacia en el liderazgo público está determinada por la vida privada del líder.

Mientras que la gente anda ocupada en la búsqueda de métodos, maquinarias y motivaciones mejores, Dios dice: «Yo ando buscando gente mejor; gente que yo pueda usar».

Cuando se les hace preguntas acerca de su vida privada, son demasiados los personajes públicos de hoy que usan esta excusa: «Eso a nadie le importa». Uno llegó a decir: «Mi vida privada no afecta de manera alguna a mi capacidad para gobernar a esta nación». Según Dios, eso no es así. Esto es lo que él dice:

La eficacia en el liderazgo público está determinada por la vida privada del líder.

Nehemías era un hombre de oración. Su diario privado, hecho público para nosotros por medio de su libro en el Antiguo Testamento, recoge varias de sus oraciones, que comienzan con la que aparece en el primer capítulo. A través de sus conversaciones con Dios, conocemos con mayor profundidad la vida privada de este hombre tan único.

Lo que es más aun: a Dios *le gustaba* responder las oraciones de Nehemías. ¿No te encantaría conocer el secreto de este hombre? Si examinamos con cuidado la vida de oración de Nehemías, esto nos puede ayudar a aprender la forma de orar eficientemente la clase de oración que a Dios le gusta responder.

Cuando Nehemías supo lo crítica que era la situación en Jerusalén, lo primero que hizo fue orar. Esto es un buen punto de partida para aprender a ser líder al estilo de Nehemías.

¿Cuándo debe orar un líder?

Antes de hacer ninguna otra cosa, los líderes deben orar. Cuando Nehemías oyó el informe que le dieron acerca de Jerusalén, lloró, hizo duelo, ayunó y oró. Más aun, no oró por unos pocos minutos solamente, ni siquiera por unas horas, sino que oró «por algunos días». El líder hace muchas cosas más, además de orar, pero el líder inteligente, el que anhela agradar a Dios por medio de su vida, no hace nada antes de orar. ¿Has pensado alguna vez qué hace que haya algunos que se conviertan en líderes y otros en perdedores? La diferencia está en esto: los líderes le dan a la oración la más alta prioridad; los perdedores hacen de la oración su último recurso.

En este siglo XXI tan inclinado a la técnica, son muchas las personas que viven en un constante estado de agitación. Son las personalidades del Tipo A: activas, en continuo movimiento, con tendencia a los ataques del corazón, orientadas hacia los logros y las metas, siempre ocupadas. Un estilo de vida así puede ser demasiado agitado para orar. Aunque Nehemías haya vivido hace siglos, no era diferente ni a ti ni a mí. Era un líder orientado hacia la consecución de unas metas, que quería el éxito, tal como lo queremos nosotros. Nehemías decía que, antes de hacer cualquier otra cosa, debíamos buscar tiempo para orar.

Nehemías también era un hombre de acción. Era organizador, motivador y administrador. Bajo su liderazgo, unos muros que habían estado descuidados durante décadas se levantaron en cincuenta y dos días. Pero antes de comenzar a moverse, cayó de rodillas. Cuando oía que algo andaba mal, no salía para organizar un comité. Antes de hacer nada, se iba a solas con Dios y oraba. Este era el esquema normal de la vida de Nehemías.

¿POR QUÉ DEBE ORAR EL LÍDER?

1. Porque eso demuestra que dependo de Dios

A los seres humanos nos encanta sentirnos autosuficientes. Cualquiera que sea el problema, nos podemos enfrentar a él. «¿Para qué orar?», pensamos. «Este problema lo puedo manejar yo solo». Decimos: «Y ahora, ¿qué *voy a hacer* acerca de esto?», cuando *deberíamos* preguntar: «Dios mío, ¿qué quieres que haga acerca de esto?».

> *No hay nada que Dios no esté dispuesto a hacer por la persona que depende de él.*

«*Separados de mí no pueden ustedes hacer nada*»[2], dijo Jesús en Juan 15. Solo por medio de una conexión con Cristo que sea fija, sólida y mantenida constantemente, podremos llegar alguna vez a dar fruto en nuestra vida.

En la Palabra leemos: «*Dichosos los pobres en espíritu, porque el reino de los cielos les pertenece*».[3] No hay *nada* que Dios no esté dispuesto a hacer por la persona que depende de él. Solo podemos comenzar a ser útiles como líderes cuando reconocemos que dependemos de Dios por completo. Cuando la oración se convierta en tu primera reacción ante los problemas, como lo era para Nehemías, sabrás que estás viviendo dependiente de Dios.

2. Porque eso aligera mi carga

Nehemías era un hombre compasivo y sensible; un hombre que sentía profundamente las cosas. Perturbado por las malas noticias recibidas, trató de encontrarse con el corazón de Dios por medio de la oración. Lloró por las ruinas, pero no se limitó a hacer duelo o a gemir. Oró. Llevó el problema delante del Señor. No se quejó; no gimió ni se revolcó en la autocompasión. El nombre de Nehemías significa «El Señor es mi consuelo». Él sabía dónde acudir con el corazón quebrantado: se lo llevó al Señor.

> *El liderazgo produce estrés, y el alivio se encuentra de rodillas.*

Dios honra la oración que sale de un corazón genuinamente preocupado. Anhela escuchar que le decimos: «Señor, no puedo con esto. No sé cómo enfrentarlo ¡Ayúdame!» Esas son las oraciones que a Dios le gusta responder.

El liderazgo produce estrés, y el alivio se encuentra de rodillas.

> *«Pero los que confían en el Señor renovarán sus fuerzas; volarán como las águilas: correrán y no se fatigarán, caminarán y no se cansarán».*[4]

3. Porque libera el poder de Dios

No hay nada que libere el poder de Dios como lo hace la oración de fe. En Jeremías 33:3, Dios dice: *«Clama a mí y te responderé, y te daré a conocer cosas grandes y ocultas que tú no sabes».*[5] La oración puede hacer todo lo que Dios puede hacer. La oración utiliza los recursos mismos de Dios. Cuando se hace entrar a Dios en un proyecto, lo imposible se vuelve posible.

¿CÓMO DEBE ORAR EL LÍDER?

Se puede aprender mucho acerca de una persona por el tipo de oración que hace. Cuando una oración suena como una grabación gastada es indicación de un espíritu que se ha secado. Las oraciones egoístas, las que hablan solo de «mis» necesidades, son señal de un espíritu egoísta. Hay oraciones que se parecen a listas de cosas deseadas. Las oraciones impresionantes suelen proceder de un corazón arrogante y lleno de orgullo. Las oraciones dicen mucho acerca del que ora.

Cuando leemos la poderosa oración de líder que tenemos en Nehemías 1:5-11, descubrimos el carácter de este hombre. Oró durante cuatro meses acerca del problema de Jerusalén. Lejos de hacer una oración informal, lo que nos ofrece es un esquema para tener éxito al orar. Si quieres dar un recorrido por lo que es la oración eficaz, permite que Nehemías sea tu guía.

A lo largo de toda la Biblia, cuando las personas oraban tenían una razón para buscar la ayuda de Dios. «Señor», le decían, «quiero que hagas esto porque…» Cuando ores, pregúntate: «¿Por qué habría Dios de responder mi oración? ¿Por qué le puedo pedir yo que la responda?» La Biblia nos enseña a *darle a Dios una razón para responder nuestra oración*. Con demasiada frecuencia, lo que hacemos es darle una lista: «Quiero esto», o bien: «Este es mi deseo». Preséntale a Dios la razón de tu oración.

Nehemías nos ofrece cuatro secretos acerca de las oraciones contestadas:

a) Él basaba su petición en el carácter de Dios

¡A Dios le encanta esta razón! Él anhela que nosotros lo conozcamos tal cual es y admitamos que dependemos de Él. En el versículo 5, Nehemías dice: *«Señor, Dios del cielo, grande y temible, que cumples el pacto y eres fiel con los que te aman y obedecen tus mandamientos»*.[6] Hay tres cosas acerca de Dios que necesitamos decir, como lo hizo Nehemías:

- Eres grande: la posición de Dios.
- Eres temible: el poder de Dios.
- Cumples tus promesas: la fidelidad de Dios.

Lo primero que hizo Nehemías fue reconocer quién es Dios. Cuando reconocemos el poder y la grandeza de Dios, lo alabamos.

Nehemías dijo: «Dios mío, sé que nuestra situación es un lío, pero me estoy recordando a mí mismo que tú eres quien lo tienes todo bajo tu control. Sé que los problemas que hay allí en Jerusalén son grandes, pero tú eres más grande que ellos. Tú eres más grande que este lío».

Comenzó por poner la situación dentro de la perspectiva correcta. Las oraciones que son respondidas comienzan diciendo: «Dios mío, quiero que me respondas por ser quien eres. Tú nos has hecho todas estas promesas. Tú eres un Dios fiel, amoroso y lleno de misericordia». Estudia los nombres de Dios. Conócelos mejor y basa tu petición en el carácter divino.

b) Confesaba el pecado que había en su vida.

Dios les había advertido a los judíos que el precio de la desobediencia iba a ser elevado. Les costaría perder su hogar en Israel, la Tierra Prometida. Pero ellos no quisieron escuchar. Muchas veces nos parece que Dios nos está dando reglas a seguir, simplemente porque él es Dios. Lo cierto es que él sabe que si desobedecemos vamos a hacernos daño. Al fin y al cabo, él fue quien nos hizo, así que desobedecerle es como no hacer caso del Manual de Instrucciones para nuestra vida. Por haber insistido en ir por su propio camino, los israelitas perdieron todo cuanto tenían. La desobediencia les costó su ciudad, su templo y su libertad.

> *«Te suplico que me prestes atención, que fijes tus ojos en este siervo tuyo que día y noche ora en favor de tu pueblo Israel. Confieso que los israelitas, entre los cuales estamos incluidos mi familia y yo, hemos pecado contra ti. Te hemos ofendido y nos hemos corrompido mucho; hemos desobedecido los mandamientos, preceptos y decretos que tú mismo diste a tu siervo Moisés».[3]*

Nehemías comenzó su oración reconociendo quién es Dios: «Dios mío, tú eres grande. Eres temible. Cumples tus promesas».

Despúes admitió quién era él mismo. Se identificó con el pueblo de Israel al confesar: «Hemos pecado». Los israelitas no habían ido al cautiverio por culpa de Nehemías. Él ni siquiera había nacido setenta años antes, cuando se produjeron aquellos pecados. Sin embargo, se incluyó a sí mismo dentro del pecado de su nación. Lo que dijo fue: «Yo he sido parte del problema».

Hay una confesión personal y una confesión colectiva. Por ejemplo, en Estados Unidos hubo un tiempo en el cual la nación reconocía a Dios y la necesidad que tenía de él, su gratitud hacia él y el hecho de que no había sabido estar a la altura de sus normas de calidad. En cambio hoy, ese sentido colectivo se ha perdido. Los estadounidenses se han vuelto muy individualistas. La mayoría de las iglesias de la nación les enseñan a las personas a confesar «mis» pecados.

Sencillamente, ¡eso no es cierto!

¿Cuándo fue la última vez que confesaste los pecados de tu nación, o los de tu familia, o los de tu iglesia, o los de tus amigos? Por lo general, la gente ya no piensa así. Somos demasiado individualistas. En muchas sociedades actuales, el concepto que prevalece es que cada cual solo es responsable por sí mismo.

Sencillamente, ¡eso no es cierto!

Tú *sí eres* guardián de tu hermano. Todos estamos juntos en esto. Son demasiadas las personas que dicen: «Tengo que hacer lo que sea mejor para mí», y así justifican toda clase de cosas. Nehemías dice: «No solo tengo pecados personales que confesar, sino también pecados colectivos. Acepto la culpa de estas otras cosas». Tal vez no parezca «justo», pero es la actitud que un líder debe asumir.

Los líderes aceptan la culpa; los perdedores se la pasan a otro.

Si quieres ser un líder eficaz, debes estar dispuesto a aceptar la culpa y a compartir el mérito. Los perdedores siempre son personas acusadoras y excusadoras. Siempre están fabricando excusas y echándole la culpa a alguien. Los líderes aceptan la culpa, tal como hizo Nehemías al decir: *«Hemos pecado contra ti».*

> Los líderes aceptan la culpa; los perdedores se la pasan a otro.

En última instancia, todo pecado va dirigido a Dios. Cuando quebrantamos una ley humana, en realidad estamos ofendiendo a Dios. Cuando le hacemos daño a otra persona, al que le estamos haciendo daño es a Dios. David dijo: *«Contra ti he pecado, solo contra ti»,*[8] después de cometer adulterio y asesinar al esposo de Betsabé. Le había hecho daño a otras personas, pero sabía que su pecado iba contra Dios. Los líderes aceptan la culpa.

Mientras más tiempo llevo en esta vida cristiana, más consciente estoy de mi propio pecado y de la bondad de Dios. Esto tal vez le parezca raro a muchos. Al fin y al cabo, ¿no tiene que ver la salvación con todo lo relacionado al perdón de nuestros pecados? Sí, así es. Pero como somos humanos, seguimos pecando. Pecar significa sencillamente no dar en el blanco de la perfección que pide Dios. No hay ninguno de nosotros que no sea culpable de esto. Pero Dios, en su gracia, ha decidido usar gente imperfecta como tú y yo. Por eso, cuando oremos, debemos fundamentar nuestra petición en lo que es Dios, y después confesar los pecados.

c) Reclamaba las promesas de Dios

> *«Recuerda, te suplico, lo que le dijiste a tu siervo Moisés: Si ustedes pecan, yo los dispersaré entre las naciones: pero si se vuelven a mí, y obedecen y ponen en práctica mis mandamientos, aunque hayan sido llevados al lugar más apartado del mundo los recogeré y los haré volver al lugar donde he decidido habitar».*[9]

Nehemías le dijo a Dios: «Quiero que recuerdes lo que le dijiste a tu siervo Moisés». ¿Te puedes imaginar que alguien le diga a Dios que «recuerde» algo? Le recuerda a Dios lo que había dicho en el pasado. «Sí, es cierto que hablaste de que perderíamos la tierra por nuestra desobediencia. Pero también prometiste que si nos arrepentíamos, nos la devolverías».

A lo largo de toda la Biblia encontramos gente que le recuerda lo que él ha dicho que quiere hacer. Lo hizo David. Lo hizo Abraham. Lo hizo Moisés. Lo hicieron todos los profetas. «Dios mío, te quiero recordar una de tus promesas...», comenzaban, y entonces se la repetían.

¿Necesita Dios que le recordemos las cosas? No. ¿Se olvida de lo que ha prometido? No. Entonces, *¿por qué* lo hacemos?

Lo hacemos porque nos ayuda *a nosotros a recordar* lo que Dios ha prometido. No hay nada que agrade más a Dios que el hecho de que nosotros le recordemos una de sus promesas. Cuando lo hacemos, él sabe que nosotros también estamos conscientes de esa promesa. ¿Se olvidan alguna vez los niños de una promesa que les hayamos hecho? Nunca. Por eso tenemos que tener cuidado a la hora de prometerles algo. La Biblia dice que somos padres imperfectos. Sin embargo, si nosotros en nuestra imperfección sabemos que tenemos que cumplir a nuestros hijos lo que les hemos prometido, ¿cuánto más tiene un Padre perfecto, un Padre celestial, la intención de cumplir las promesas que él ha hecho en su Palabra?

La oración transforma las promesas de Dios en obras. La oración consiste en tomarle la palabra a Dios. La oración consiste en pedirle a Dios que cumpla lo que ha prometido. Cuando oramos, le estamos pidiendo que haga lo que ya ha prometido y quiere hacer. Nehemías dice: «Dios mío, estoy fundamentando mi oración en lo que tú eres. Admito lo que yo soy. Y después, te recuerdo lo que tú ya has dicho».

¿Sabías que en la Biblia hay más de siete mil promesas esperando a que nosotros las reclamemos? Medita en esta historia:

Un hombre murió, fue al cielo y allí encontró almacenes dondequiera que miraba. «¿Para qué son esos almacenes?», preguntó. «Aquí es donde almacenamos los dones y las bendiciones», le respondieron. Cuando pidió verlos, halló riquezas muy superiores a cuanto se puede imaginar el ser humano: riquezas para satisfacer necesidades espirituales, necesidades en las relaciones, necesidades materiales... y las etiquetas de todas decían lo mismo: «Nunca reclamada».

Dios nunca cierra su almacén mientras tú no cierras tu boca.

Dios tiene más deseos de bendecirte que tú de recibir sus bendiciones.

Pero tienes que reclamar las promesas de Dios.

Nehemías pudo reclamar esas promesas, porque las conocía. Había estudiado la Palabra de Dios. Había escondido en su corazón las promesas divinas. ¿Cuándo fue la última vez que te aprendiste de memoria una de las promesas que contiene la Biblia?

El secreto del éxito al orar consiste en suplicarle a Dios que cumpla lo prometido. Yo sé muy bien que las promesas de Dios determinan la fortaleza de mi vida de oración. «Dios mío, tú lo dijiste, y por lo que dijiste, y por lo que eres, te doy gracias, porque tu respuesta ya está en camino. Estoy esperando de ti que satisfagas mis necesidades». Necesitamos aprender las promesas de Dios. Le sugiero que escoja una hoy, y comience por esa. ¡Así, solo le quedarían seis mil novecientas noventa y nueve!

d) Era específico

Para obtener respuestas concretas a nuestra oración, tenemos que hacer también peticiones concretas.

De no ser así, ¿cómo vamos a saber que Dios nos ha respondido?

> «*Ellos son tus siervos y tu pueblo al cual redimiste con gran despliegue de fuerza y poder. Señor, te suplico que escuches nuestra oración, pues somos tus siervos y nos complacemos en honrar tu nombre. Y te pido que a este siervo tuyo le concedas tener éxito y ganarse el favor del rey*».[10]

Nehemías estaba dispuesto a ir a Jerusalén. Le indicó a Dios que estaba a su disposición. Estaba dispuesto a dirigir las obras de reconstrucción. Sin embargo, también era un hombre realista. Para poder ir, sabía que tendría que conseguir la autorización del rey Artajerjes, un hombre que decididamente, no creía en Dios. El rey tenía poder sobre la vida o la muerte de todos en Babilonia. Además, Nehemías era su mano derecha, así que sabía que le iba a hacer falta un buen poder de convicción para conseguir que el rey le permitiera estar ausente durante tres años. Tal vez, incluso hiciera falta un milagro.

Él no tuvo miedo de orar para pedir el éxito. ¿Le has pedido alguna vez a Dios que te ayude a triunfar? Si no lo has hecho, ¿por qué? Solo hay una alternativa a esto, y es el fracaso. Si lo que estás haciendo es en última instancia para la gloria de Dios, no tiene nada de malo que ores para pedir el éxito. Estudia el ejemplo de Nehemías: Ora con valentía. Ora para que Dios te dé el éxito en la vida, para su propia gloria.

> **Un punto:** Si no le puedes pedir a Dios que bendiga lo que estás haciendo, tal vez lo mejor que puedes hacer es comenzar a hacer algo distinto. Dios no quiere que desperdicies tu vida.

Lo que leemos en Nehemías 1 es solo un ejemplo de sus oraciones durante aquellos cuatro meses. Es de suponer que no repetiría estas mismas palabras una y otra vez durante todo ese tiempo. Lo más probable es que sus oraciones evolucionaran a lo largo del período en el que estuvo orando, de manera muy parecida a como lo hacen las nuestras. Mientras más oramos por algo, más clara es nuestra oración. Una de las razones por las que Dios retrasa las respuestas a nuestras oraciones muchas veces, es que quiere que nosotros aclaremos nuestras necesidades y nuestros deseos.

Me puedo imaginar que Nehemías comenzaría a orar diciendo algo como esto: «Dios mío, tienes que hacer algo por aquella gente. Te ruego que los ayudes». Tal vez haya orado así durante unas cuantas semanas. Entonces es posible que Dios le dijera: «Nehemías, ¿no estás actuando con hipocresía? Si estás tan preocupado por ellos, ¿por qué no te involucras en el asunto?» En algún momento dentro de aquel período de cuatro meses, se le encendió una bombillita a Nehemías en la mente. «Yo podría ser la respuesta a esa oración», pensaría. «Tal vez Dios me podría usar a mí para que fuera a reconstruir los muros. ¡Yo lo hago! ¡Estoy dispuesto!» A Nehemías le llevó tiempo comprender la visión que Dios tenía pensada. Primero oró diciendo: «Dios mío, ayuda a los que están allí». Después dijo: «Tal vez Dios me podría usar a mí como respuesta a esa oración». Ahora por fin ora diciendo: «Dame el éxito».

> «Espera de Dios grandes cosas; haz para Dios grandes cosas».
>
> WILLIAM CAREY,
> *fundador del movimiento misionero moderno*

Si quieres ser un líder con éxito, como Nehemías, tienes que conocer estas cuatro características de las oraciones que Dios responde:

1. Oración de convicción – Cuando reconoces quién es Dios, tus palabras deben estar llenas de convicción. ¿Crees que Dios es un Dios justo, un Dios grande? ¿Crees que él lo tiene todo bajo su control? Dios quiere oír eso de ti. Anhela responder nuestras oraciones. Reconoce sin titubear quién es él. En esto consiste la alabanza. La alabanza consiste en alardear acerca de nuestro Dios.

2. Oración de confesión – Debemos reconocer quiénes somos delante de Dios. «Dios mío, yo he cometido desastres. Me he equivocado y soy imperfecto». Sé muy específico.

3. Oración segura – Debes estar esperando que Dios haga realmente lo que ha prometido. «Sé quién eres, sé quién soy yo y sé lo que tú has dicho». Lo creo y punto. De hecho, si Dios lo dijo, eso lo decide todo, tanto si yo lo creo, como si no. Reclama tus promesas. Esas promesas son las llaves que abren las respuestas a la oración. ¡Apréndete esas siete mil promesas!

4. Oración de compromiso – Dile a Dios: «Estoy dispuesto a formar parte de la solución. Úsame, Dios mío. Me comprometo a hacer tu obra».

Todo el que lea este libro es líder, porque el liderazgo es cuestión de influencia. En algún lugar; en alguno de tus roles en la vida, estás influyendo sobre alguien. Eso te convierte en líder. Así que la cuestión no es *si* eres líder, sino qué clase de líder eres.

El primer paso del liderazgo consiste en desarrollar tu vida privada pasando tiempo a solas con Dios: un caminar personal y diario con devoción. Si quieres ser un líder eficaz, desarrolla tu vida de oración. Aprende a orar como Nehemías, y verás cómo se te abren las puertas de los cielos.

Así que ya has orado. Y ahora, ¿qué? El líder eficaz hace algo más que orar, pero no hace nada hasta que no haya orado. Ahora estamos listos para el siguiente paso en el proceso de convertirnos en los líderes que Dios usa.

Reflexionemos…

Recorramos juntos estos cuatro pasos de la eficacia en la oración y hablemos con Dios ahora mismo. Piensa en algo que has tenido realmente en el corazón; algo sobre lo cual tienes verdadero deseo de orar.

1. En primer lugar, basa tu petición en lo que Dios es. Antes de presentarle a Dios tu petición, dile: «Dios mío, yo sé que puedes responder esta petición, porque eres…» y dile lo que él es. «Eres un Dios grande, un Dios amoroso, un Dios lleno de misericordia. Escuchas nuestras oraciones. Eres un Dios fiel; cumples lo que prometes». A partir de lo que crees que Dios es, preséntale tu petición.

2. Confiesa el pecado que haya en tu vida. Pregúntale a Dios si hay algún pecado que él necesite revelarte. Así como los cometemos de manera concreta, también necesitamos confesarlos de manera concreta. No tomes la salida fácil de decir: «Dios mío, perdóname todos mis pecados». ¿Hay alguna actitud o algún tipo de obra que necesita cambiar? Pídele a Dios que te perdone el haberlo desilusionado, y dile que quieres cambiar esa actitud incorrecta o esa mala forma de conducirte. Pídele que purifique tu vida de ese pecado en particular.

3. Ahora, reclama las promesas de Dios. Si no te puedes acordar ahora mismo, te sugiero lo siguiente: *«Así que mi Dios les proveerá de todo lo que necesiten, conforme a las gloriosas riquezas que tiene en Cristo Jesús».*[11] Dale gracias a Dios por sus promesas. Háblale de manera concreta de lo que le estás pidiendo. Pon tu petición delante de él. Hay quienes necesitan pedirle a Dios que les dé el éxito en alguna empresa o proyecto en particular. Recuerda: Si no le puedes pedir a Dios que bendiga lo que estás haciendo, lo mejor será que comiences a hacer otra cosa.

4. Por último, comprométete a formar parte de la solución. Di: «Señor, estoy dispuesto a formar parte de la respuesta. Estoy dispuesto a dejarme usar por ti de la manera que quieras, con el fin de llegar a una solución para este problema».

> *Gracias, Padre, por estas lecciones que hemos aprendido con este gran líder llamado Nehemías. Queremos desarrollar una vida de oración que nos acerque más a ti. En el nombre de Jesús. Amén.*

---

[a] Richard Ellsworth Day, *Filled! With the Spirit*, Zondervan Publishing House, 1938.
[b] E. M. Bounds, *Power Through Prayer*, World Wide Publications, 1989.

Guía para la aplicación del principio
del capítulo 2

La Oración de un Líder

Aplicando los propósitos de Dios
¿Cómo puede tu vida en oración mejorar tu eficacia como líder?

Comunión — Jesús nos dijo que donde dos o más se hayan reunido, Él estará en medio de ellos. La oración no debe ser hecha con otros para ser únicamente efectiva, pero claramente Dios se complace cuando oramos con otros creyentes.
- ¿A quién conoces que pueda orar contigo de manera regular por las necesidades de tu grupo u organización?
- ¿Qué es lo que deseas ver que Dios te conceda?
- ¿Cómo la oración con otros te ayuda a ver a Dios en acción?

Discipulado — ¿Existe una mejor manera de conocer a alguien que comunicándose con esa persona? Una simple conversación es a menudo la más eficiente herramienta de comunicación disponible.
- ¿Quieres crecer como un creyente en Cristo?
- ¿Deseas una relación más profunda con tu Señor y Salvador?
- Habla con Él frecuentemente. Puede parecer extraño ya que no podemos "ver" a Cristo como vemos a otra persona con la que hablaríamos, pero imagina que Él está al otro lado de la línea telefónica o que es la persona que lee tu e-mail después de que presionas el botón "enviar". Haz de Él tu compañero favorito de mensajería instantánea y crecerás en Jesús.

Adoración — Cuando oramos, adoramos activamente a Dios al reconocer Su Señorío.
- ¿Qué asuntos están hoy en tu corazón?
- Al leer este capítulo, ¿existe algún área de liderazgo en la que crees que Dios se ha revelado ante ti?
- ¿Qué puedes hacer, considerando lo apretado de nuestros horarios para hacer de la oración una prioridad en tu vida?
- Identifica en tu grupo un compañero con el que puedes contar y le puedes ayudar a desarrollar un hábito regular de "primero la oración".

Ministerio — El liderazgo produce estrés, como ya te habrás dado cuenta en tu ministerio.
- Con el fin de ser un siervo más efectivo, ¿en dónde encontrarás tu fuerza?
- ¿Cómo beneficia a tu ministerio el que muestres dependencia total en Dios?
- En tu vida diaria, ¿dónde necesitas mayor dependencia de Dios?
- ¿Qué proyecto estás emprendiendo? Considera el poder que Dios te ofrece a través de la oración. Escribe qué es lo que Dios te está revelando a través de esta discusión y compromételo a la oración. Pide a tu grupo que ore contigo.

Evangelismo — ¿Qué impide que alcances el mundo para Cristo?
- ¿Existe alguna promesa de Dios por la que no hayas clamado a Él?
- ¿Sabías que hay más de 7000 promesas en la Biblia esperando a ser clamadas? Si nunca le has pedido a Dios que te de éxito al evangelizar, hazlo ahora. Él espera escuchar que reconozcas Su promesa. Ora para que Dios te dé el éxito en la vida, para su propia gloria.

- ¿Estás haciendo algo que piensas que Dios no va a bendecir? ¡Quizás deberías hacer otra cosa! Busca ahora a Dios por el éxito que deseas alcanzar para Él.

PUNTOS DE REFLEXIÓN:

Hay cuatro tipos de oraciones que Dios responde según lo que Nehemías nos muestra:

1) Oración de convicción - ¿Cuán profunda es tu fe en Dios cuando oras?
2) Oración de confesión - ¿Estás realmente arrepentido ante Dios de tu propio pecado?
3) Oración de confianza en las promesas de Dios - ¿Confías en que Dios hará lo que dice que va a hacer?
4) Oración de compromiso - ¿Mantendrás tus promesas a Dios y a otros?

Si quieres ser un líder con la influencia eterna del amor de Cristo, asegúrate de estar construyendo una relación personal con Dios que dé credibilidad a tu ministerio público. Si no tienes una relación así, considera empezar un diario de oración en el cual registras la acción de Dios en tu vida.

Una vez que hemos orado, ¿qué sigue? ¡Ese es el tema del próximo capítulo!

3

LOS PLANES DE
UN LÍDER

«Porque yo sé muy bien los <u>planes</u> que tengo para ustedes afirma el Señor, <u>planes</u> de bienestar y no de calamidad, a fin de darles un futuro y una esperanza».[1]

Cuando un líder se enfrenta a un reto, lo primero que hace es orar; después, planificar. Sin un plan, no hay manera de saber cómo llegar donde hace falta llegar. Los grandes líderes, como Nehemías, son expertos planificadores.

Cada uno de nosotros ha sido creado a imagen de Dios. Con el fin de hacernos a ti y a mí, y a todos los demás, Dios comenzó a partir de un plan maestro. En la persona de Nehemías, Dios nos ha dado tanto un modelo de líder, como un esquema sobre la forma de planificar.

Hay tres razones por las que tanto tú como yo debemos hacer planes.

¿PARA QUÉ HACER PLANES?

1. Dios lo hace

«Porque Dios no es un Dios de desorden sino de paz».[2]

Dios hace planes. Esto no solo hace que nos esté permitido hacerlos nosotros, sino que es lo aconsejable, lo sensato y lo piadoso. Cuando imitamos a Dios, estamos reconociendo su grandeza. Para ser como él, necesitamos hacer planes.

2. Dios lo ordena

«Endereza las sendas por donde andas; allana todos tus caminos».[3]

«El corazón del hombre traza su rumbo, pero sus pasos los dirige el Señor».[4]

«Pero todo debe hacerse de una manera apropiada y con orden».[5]

Dios ama el orden. Cuando nosotros seguimos su esquema de trabajo planificando con todo cuidado, estamos actuando en obediencia a sus indicaciones, su plan y su propósito para nuestra vida. Dios bendice la obediencia.

3. Es buena mayordomía

«Así que tengan cuidado de su manera de vivir. No vivan como necios sino como sabios, aprovechando al máximo cada momento oportuno, porque los días son malos. Por tanto, no sean insensatos, sino entiendan cuál es la voluntad del Señor».[6]

La administración de nuestro tiempo comprende el que hagamos el mejor uso posible de las oportunidades que Dios nos proporcione. Para ser buenos mayordomos de lo que él nos ha dado, también tenemos que ser buenos planificadores. Cuando no planificamos, no estamos cuidando de lo que Dios nos ha encomendado. Haz planes para ser buen mayordomo de los recursos de Dios.

CÓMO PLANIFICAN LOS LÍDERES

1. Los líderes lo piensan todo detalladamente

Nehemías había recibido aquella carga cuatro meses antes, «en el mes de Quisleu», como él mismo dice. Desde entonces, había estado esperando a que sucediera algo. Ahora, cuatro meses más tarde, «en el mes de Nisán», sucede algo. ¿Qué estuvo pasando mientras tanto? ¿Qué estaba haciendo Nehemías entre el momento en que pensó por vez primera en la reconstrucción de los muros y el momento en el cual pudo por fin presentarle su idea al rey? Nehemías había pasado aquel tiempo preparándose: había orado y hecho planes. Cuando el rey le preguntó: «¿Qué quieres?», Nehemías pudo responderle, porque había estado haciendo planes para aquel momento.

¿Sabes lo que significa dejar tus planes por un tiempo? En lugar de frustrarte, mira ese tiempo como una oportunidad que Dios te da para hacer lo que hizo Nehemías: orar y planificar. Cuando te decidas a actuar, permite que sea Dios el que se ocupe de los resultados (de todas formas lo va a hacer, así que solo lo estarás reconociendo). De esa manera vas a ser mucho más eficaz como líder y sufrirás mucho menos estrés.

Howard Hendricks dijo: «No hay nada que aproveche más que pensar las cosas seriamente; tampoco hay nada que exija más que eso». Los líderes necesitan tiempo para pensar. Muchas veces, eso significa que deben tomarse un tiempo para alejarse de todo. Cuando necesites hacer planes, piensa en hacer un breve retiro, lejos de las presiones y la agitación de la vida diaria. Busca un lugar que te ofrezca un ambiente donde te puedas concentrar, y conviértelo en tu «lugar para pensar». Tómate tiempo para pensar y para planificar.

Los líderes hacen tiempo para pensar.

«El prudente actúa con cordura, pero el necio se jacta de su necedad».[7]

«La sabiduría del prudente es discernir sus caminos, pero al necio lo engaña su propia necedad».[8]

¿Dedicas tiempo a pensar acerca de tu vida? Las Escrituras nos dicen que la persona sabia lo hace. Hazte ahora mismo estas tres preguntas:

- ¿Dónde estoy ahora?
- ¿Dónde quiero estar?
- ¿Cómo puedo llegar allí?

Eso es lo que hizo Nehemías. Pensó bien las cosas. Oró durante cuatro meses, pero mientras oraba, también estaba haciendo planes.

Cuando oramos y planificamos, le estamos abriendo la mente y el corazón a Dios. Entonces es cuando oímos su voz. Tal vez no escuchemos su voz audible; de hecho, lo más probable es que *no* lo oigas de esa forma. Sin embargo, sí vas a recibir impresiones e ideas que proceden de él. Entonces es cuando él te da una visión. Para ser un líder eficaz necesitas tener una visión. La visión es la que pone a los líderes en un grupo aparte.

Los líderes hacen tiempo para pensar.

¡No planificar es lo mismo que planificar un fracaso!

Necesitas pensar bien las cosas. Necesitas saber de antemano cómo vas a proceder, y qué vas a hacer en caso de que las cosas salgan mal.

2. Los líderes se preparan para las oportunidades

Cuando la oportunidad toque a tu puerta, tienes que estar listo para abrir esa puerta. La vida está repleta de oportunidades, pero nosotros no siempre estamos preparados para reconocerlas. Si pasas por alto una oportunidad que Dios te ha puesto en el camino, te podrías estar perdiendo el propósito de él para tu vida. Asegúrate de buscar a Dios todos los días y de pedirle que te muestre las oportunidades que te tiene preparadas... todos y cada uno de tus días. Nunca sabemos de dónde nos va a venir una oportunidad. Los mejores momentos de nuestra vida pueden ser consecuencia de actos muy pequeños, e incluso en esas ocasiones tal vez pensemos que todo ha sucedido por accidente. Sin embargo, a menos que estemos atentos para discernir las oportunidades, nos las podríamos perder por completo.

> *¡No planificar es lo mismo que planificar un fracaso!*

> «*Un día, en el mes de Nisán del año veinte del reinado de Artajerjes, al ofrecerle vino al rey, como él nunca antes me había visto triste, me preguntó: ¿Por qué estás triste? No me parece que estés enfermo, así que debe haber algo que te está causando dolor. Yo sentí mucho miedo*».[9]

Por fin había llegado el momento que Nehemías había estado esperando. Había surgido la oportunidad de presentarle su idea al rey. Por fin le podía presentar su caso, y estaba listo, porque había planificado.

La carga que sentía Nehemías por Jerusalén lo afectaba emocionalmente, y se había manifestado en su aspecto externo. En aquellos días, presentarse ante el rey con cara triste era un delito capital. Nehemías lo sabía, pero estaba desalentado y no lo podía esconder. Había estado orando por largo tiempo, pero nada había cambiado.

¿Te ha sucedido esto alguna vez? ¿Te puedes identificar con el desaliento de Nehemías?

No podía menos que preguntarse qué iba a hacer Dios con respecto a aquellos muros.

Viendo la tristeza de Nehemías, el rey le preguntó: «¿Qué te sucede, Nehemías?» Él estaba muy consciente del peligro en el que se encontraba. Ante sus lectores reconoció: *«Yo sentí mucho miedo»*. Su plan era doble: 1) Pedirle a Artajerjes que le permitiera ausentarse y 2) pedir su autorización para reconstruir los muros de Jerusalén. No esperaba que el rey se sintiera encantado con esas dos peticiones.

Los líderes siguen adelante a pesar de sus propios temores.

En aquellos días, si uno le hacía al rey una petición que a este no le agradaba, se metía en un serio problema. Estaba ante un rey que tenía poderes de vida o muerte. No es de extrañarse que sintiera miedo. Sin embargo, no dejó que el miedo lo detuviera. Sabía esto:

Los líderes siguen adelante a pesar de sus propios temores.

Hay un mito popular según el cual deberíamos creer que los líderes nunca tienen miedo. Lo cierto es que los líderes sienten miedo *con frecuencia*. El valor no es la ausencia de miedo, el valor consiste en seguir adelante a pesar de los temores que tengamos. Observa lo que hizo Nehemías con su miedo. El rey le dijo: «¿Qué quieres? Es obvio que estás afligido». Nehemías oró; no de la misma forma que había orado durante aquellos cuatro meses, sino con rapidez. Algunas veces necesitamos que nuestra oración sea un «S.O.S.» como este: «Dios mío, dame sabiduría. Ayúdame a saber qué decir».

Nehemías le respondió al rey: «*¿Cómo no he de estar triste, si la ciudad donde están los sepulcros de mis padres se halla en ruinas, con sus puertas consumidas por el fuego?*»[10] Escogió con todo cuidado sus palabras; además, para asegurarle al rey su lealtad, comenzó con un «*¡Qué viva Su Majestad para siempre!*». Como guardaespaldas del rey, Nehemías sabía que un rostro triste se podía interpretar como un rostro que escondía información acerca de algún problema, como una conjura para asesinarlo. Naturalmente, el rey quería saber por qué su funcionario más importante estaba tan afligido.

«*La ciudad donde están los sepulcros de mis padres se halla en ruinas*»,[11] dijo Nehemías, apelando al respeto cultural de los orientales por sus antepasados y a su tradición de mantener en buen estado los terrenos donde estaban sepultados. ¡Funcionó! El rey le respondió: «*¿Qué quieres?*»

Como había hecho planes para aquel momento, Nehemías supo con exactitud lo que debía pedir.

3. Los líderes se fijan una meta

> «*Le respondí: Si a Su Majestad le parece bien, y si este siervo suyo es digno de su favor, le ruego que me envíe a Judá para reedificar la ciudad donde están los sepulcros de mis padres*».[12]

Vemos ahora que Nehemías pide cosas concretas. Su meta es definida: quiere reconstruir los muros.

El paso siguiente en la planificación es la fijación de una meta. Sin un blanco, no estamos apuntando a nada, y eso es precisamente donde vamos a dar: en nada. Al fijar tus metas, hazte tres preguntas:

- ¿Qué quiero ser?
- ¿Qué quiero hacer?
- ¿Qué quiero tener?

Dos de los errores más comunes que cometemos al fijarnos metas, son el de fijarnos unas metas demasiado bajas, y el de tener unas expectativas poco realistas en cuanto a su cumplimiento. O nos satisfacemos demasiado fácilmente con unos resultados mediocres, o lo queremos todo y al instante. Cuando hacemos un plan que incorpora una meta para cada paso, podemos ir siguiendo nuestro progreso. Podemos ver cómo vamos llegando a nuestro punto de destino.

Centímetro a centímetro, todo es juego de niños.

No tengas miedo de hacer unos planes tan grandes, que Dios tenga que acudir a rescatarte. A Dios le encantan los planes grandiosos. Le honra el hecho de planificar en grande. En efecto, estamos diciendo: «Esto es lo que estoy esperando que Dios haga. No se trata de lo que yo pueda hacer, sino de lo que puede hacer Él».

> *Centímetro a centímetro, todo es juego de niños.*

Nehemías se fijó la meta de reconstruir unos muros alrededor de toda una ciudad. Pero era copero, no constructor de muros. Nunca había levantado muro alguno. Nunca había edificado nada. Pero no tuvo miedo de fijarse una meta grande, porque servía a un Dios grande.

La mayoría de nosotros nos fijamos unas metas demasiado bajas y tratamos de llegar a ellas con demasiada rapidez. Dios nos pide que soñemos en grande y vayamos despacio.

4. Los líderes se fijan fechas límite

> *«¿Cuánto durará tu viaje? ¿Cuándo regresarás? —me preguntó el rey, que tenía a la reina sentada a su lado. En cuanto le propuse un plazo, el rey aceptó enviarme».[13]*

Sin una fecha límite, una meta no es meta, solo es un deseo. El establecimiento de fecha límite es la parte de la planificación que fija un calendario. Tú sabes lo que quieres hacer, y sabes cuándo quieres que esté hecho. Ahora, la pregunta es esta: ¿cuánto tiempo se va a tomar?

Artajerjes apreciaba a Nehemías, como lo evidencia su pregunta: «¿Cuánto tiempo vas a estar fuera?» ¿Por qué te parece que Nehemías añadió las palabras *«que tenía a la reina sentada a su lado»*? Tal vez comprendiera la influencia de esta sobre la receptividad del rey. Lo más probable es que, al ser Nehemías la mano derecha del rey, hubiera amistad entre él y la reina. Con su reina junto a sí, y su ayudante principal sirviéndole el vino, el rey estaba feliz. Nehemías reconoció que era el momento adecuado, así presentó su petición: *«Realmente, lo que querría hacer es regresar para reconstruir los muros alrededor de la ciudad donde se encuentran las sepulturas de mis antepasados»*, comenzó a decir. Es posible que hiciera su petición en ese momento, sabiendo que la reina influiría sobre Artajerjes para que lo dejara ir. Una cosa sí sabemos con seguridad: Dios era quien había fijado aquel momento.

Nehemías oró, hizo un plan, se fijó una meta… y estableció una fecha límite.

5. Hay que prever los problemas

> *«Si a Su Majestad le parece bien, le ruego que envíe cartas a los gobernadores del oeste del río Éufrates para que me den vía libre y yo pueda llegar a Judá».*[14]

Ahora que ya tiene permiso para ir, Nehemías pide protección. Su viaje desde Babilonia (Irak) hasta Israel tenía un recorrido de 1.300 a 1.600 kilómetros y pasaba por diversas provincias. Él sabía que iba a necesitar la ayuda de alguien como el rey para alcanzar sano y salvo su punto de destino. Por eso le dijo a Artajerjes: *«Quiero que me des cartas de autorización, de manera que no tenga problemas cuando llegue allí»*.

Se ve claramente que Nehemías lo tenía todo pensado. Cuando el rey le preguntó qué quería, tenía ya la respuesta preparada, porque la había pensado hasta en sus detalles. Había hecho planes para aquel momento. Durante los cuatro meses pasados no estaba solo orando, sino también planificando, de manera que cuando surgiera la oportunidad, pudiera decir lo que necesitaba.

Cuando planifiques, no te olvides de prever que se van a presentar problemas. Pregúntate: *¿Qué me podría detener? ¿Qué podría salir mal?* El líder prudente reconoce que si hay algo que pueda ir mal, lo más probable es que así suceda. Planifica para la posibilidad de un desastre.

> *Los administradores se centran en los problemas del momento; los líderes, en la resolución de los problemas de mañana.*

En toda organización hacen falta tanto los administradores como los líderes. Sin embargo, es importante reconocer que no son los mismos. Los administradores se tienen que centrar en los detalles cotidianos; los problemas que surgen todos los días. Los líderes prevén los problemas. Se hacen esas preguntas que comienzan con un «¿y si…?», y que nadie más piensa siquiera en ellas. Ven el problema, y tienen preparada la solución para enfrentarse a él, aun antes que se convierta en realidad.

Los administradores se centran en los problemas del momento; los líderes, en la resolución de los problemas de mañana.

Cuando las reuniones de domingo en la iglesia que yo pastoreo se comenzaron a llenar, vi la necesidad de celebrar otra reunión el sábado. Era en los tiempos en que casi no había iglesias cristianas tradicionales que tuvieran reuniones los sábados. Yo estaba pensando con un año de anticipación, aproximadamente. Eso es lo que debe hacer un líder. El líder piensa mucho más allá que todos los demás. Al igual que Nehemías, los líderes visionarios van por delante, listos para enfrentarse a los problemas cuando lleguen, con unas soluciones que ellos ya tienen pensadas.

Aunque la administración y el liderazgo sean cosas distintas, ambos son necesarios.

> *El líder piensa mucho más allá que todos los demás.*

> *«El hombre prudente prevé las difi-cultades y se prepara para ellas».*[15]

La previsión de los problemas y la anticipación para resolver-los forman parte de una planificación eficaz.

6. Los líderes calculan el precio

> *«Y por favor ordene a su guardabosques Asaf que me dé madera para reparar las puertas de la ciudadela del templo, la muralla de la ciudad y la casa donde he de vivir».*[16]

Como la planificación exige tiempo y dinero, el presupuesto es el siguiente factor que el líder necesita tener en cuenta. ¿Te has fijado que todo en la vida tiene su precio? Nehemías le presentó al rey toda una lista de peticiones: «Primero, quiero que me dejes ir. Después, quiero que me des la protección que necesito para llegar allí. Y, dicho sea de paso, quiero también que seas tú quien pagues el proyecto».

Como lo tenía todo bien pensado, Nehemías sabía con preci-sión lo que iba a necesitar. Cuando el rey le concedió audiencia, esas fueron las cosas que le pidió. Necesitaba madera para levan-tar las vigas de las puertas de la ciudad, madera para los muros y madera para edificar su propia casa. Ten en cuenta que Nehemías no era constructor. Nunca había edificado nada en toda su vida. Pero cuando surgió la oportunidad de presentarle sus necesidades al rey, le dijo con exactitud lo que necesitaba, porque había esta-do haciendo planes.

Los líderes eficaces oran y después hacen planes.

¿Cómo supo Nehemías lo que necesitaba pedir? ¿Cómo supo que había un bosque real cerca de Jerusalén? Calculó el precio y planificó por adelantado. Antes de meterse en la situación, calculó lo que estaba haciendo. Hizo las investigaciones necesarias. Hasta conocía el nombre del guardabosque. Todo aquello lo había pensado por adelantado, así que estaba listo cuando la oportunidad tocó a su puerta.

> *Los líderes eficaces oran y después hacen planes.*

Dios tiene unas oportunidades magníficas esperándote, pero tienes que estar preparado para ir a su encuentro cuando aparezcan. Si Nehemías no hubiera hecho sus planes, no habría estado preparado. Como su planificación había sido tan detallada, sabía exactamente qué debía pedir. Había calculado el precio. Jesús nos dice *a nosotros* también que calculemos el precio.

> *«Supongamos que alguno de ustedes quiere construir una torre. ¿Acaso no se sienta primero a calcular el costo, para ver si tiene suficiente dinero para terminarla?».*[17]

Nehemías se encuentra tan comprometido con su visión, que está dispuesto a pasar por unos riesgos considerables para lograrla. Se da cuenta de que le está haciendo estas peticiones a un rey pagano. Tiene su lista preparada, y ha puesto su confianza en el Señor.

Pide autorización, protección y previsión, y todo con un gran riesgo para su propia vida. Cada vez que el rey le concede una de aquellas peticiones, está dispuesto a aventurarse un poco más allá. ¿Te has encontrado alguna vez en situaciones como esta? Yo sí. Cuando uno se da cuenta de que no lo han echado aún, sigue adelante. Va empujando los límites; quiere ver hasta dónde puede llegar. El liderazgo tiene sus riesgos.

LOS LÍDERES ESTÁN DISPUESTOS A PEDIRLE AYUDA A OTROS

«No tienen, porque no piden».[18]

Los líderes reconocen que necesitan la ayuda de otros para lograr sus metas. Necesitamos pedirle ayuda a Dios, y necesitamos pedírsela a otros. Ningún líder puede realizar grandes tareas solo. No cometas el error de suponer que alguien no quiere involucrarse, mientras no se lo hayas pedido. Deja que decida por sí mismo. Deja que tome su propia decisión. No tengas miedo de pedir ayuda.

El liderazgo tiene sus riesgos.

Hace falta una osadía increíble para hacer lo que hizo Nehemías, al pedirle ayuda a un rey pagano; un hombre que tenía poder de vida o muerte en las manos. Pero como había invertido cuatro meses en orar y planificar, su fe se había fortalecido. Aunque le temblaban las rodillas, su confianza en Dios le dio el valor necesario para seguir adelante con su plan.

«En las manos del Señor el corazón del rey es como un río: sigue el curso que el Señor le ha trazado».[19]

Los riesgos más sabios son los que se toman solo después de haber orado y planificado. Dios escoge la dirección que el líder prudente reconoce por medio de su oración y su planificación. La historia de Nehemías ilustra lo cierto que es Proverbios 21:1. Dios tenía un control total sobre el corazón de aquel rey pagano. Dios se especializa en transformar los corazones.

Tal vez sientas el deseo de realizar algo en tu lugar de trabajo, pero como no eres el presidente de la empresa, tu influencia es limitada. Eres uno de los administradores de nivel mediano, y los planes que pones en marcha raramente son tuyos. Debes saber

> No cometas el error de suponer que alguien no quiere involucrarse, mientras no se lo hayas pedido.

esto: el corazón del ejecutivo, como el corazón del rey, está en las manos del Señor, que lo puede llevar donde él quiera. El corazón del presidente de tu empresa está en las manos de Dios. Y Dios se especializa en cambiar corazones. Él es soberano, así que cuanto suceda es cuestión suya. Eso es cierto, incluso cuando los planes no vayan como tú pienses que deberían ir. Dios sigue teniendo el control de todo. A nosotros nos limita el ver las cosas solo a corto plazo. Dios ve mucho más allá en el camino.

Nehemías no trató de manipular al rey. Cuando el rey le preguntó: «¿Qué te pasa?», fue sincero. *«Mi ciudad de origen está en ruinas»*, le dijo. No inventó una historia acerca de regresar a Jerusalén por unos motivos falsos. No trató de engañar al rey, ni de jugar con él. Lo que *sí* había hecho era hablarle a Dios acerca de él. Nehemías reconocía que el corazón del rey estaba en las manos de Dios, así que le pidió a Dios que le concediera lo que le pedía, por medio de Artajerjes.

Cuando tengas un jefe que no simpatice con un proyecto o una meta que tengas, no lo manipules. En lugar de manipularlo, haz lo mismo que Nehemías: Limítate a hablarle a Dios acerca de él. El corazón del rey —y el de tu jefe— está en manos de Dios. Solo él lo puede cambiar. No trates siquiera de cambiarle el corazón a nadie, No podrás. Cuando lo intentes, habrás caído en la manipulación. Deja que sea Dios quien cambie el corazón. Ora por ese jefe, y observa cómo Dios hace el cambio. Esa es su actividad favorita.

«El rey accedió a mi petición, porque Dios estaba actuando a mi favor».[20]

Nehemías le atribuyó todo el mérito a Dios. La primera mitad del libro de Nehemías es autobiográfica, pero la segunda mitad no está narrada en primera persona, de manera que es posible que la escribiera Esdras u otro de los cronistas de aquellos tiempos. Aquí, en el segundo capítulo, es Nehemías mismo el que dice que Dios se encuentra detrás de todo lo que está pasando. Él sabe perfectamente bien que no se debe a su propio ingenio.

Cuando reconocemos la mano de Dios tras las personas que están atrasando nuestro proyecto —ese proyecto que sabemos que va a transformar el mundo—, estamos demostrando madurez espiritual. Nehemías dice: «Dios estaba conmigo». Pero si él no hubiera orado y planificado, ni hubiera estado dispuesto a actuar y arriesgarse —si él no se hubiera dado cuenta de que todo estaba sucediendo según el calendario divino—, no habría sucedido nada.

> *«Podemos hacer planes, pero el resultado final está en las manos de Dios».*[21]

> *«Cuando me presenté ante los gobernadores del oeste del río Éufrates, les entregué las cartas del rey. Además el rey había ordenado que me escoltaran su caballería y sus capitanes».*[22]

El rey no solo le ofreció su protección a Nehemías durante el viaje, sino que también le envió una escolta militar. Nehemías obtuvo más de lo que había pedido. Esto es imagen de la verdad que leemos en la Palabra: *«[Dios] puede hacer muchísimo más que todo lo que podamos imaginarnos o pedir».*[23] Nehemías se daba cuenta de que estaba corriendo un gran riesgo al pedir tantas cosas, pero cuando el rey se daba vuelta para marcharse, le dijo: «De paso, vas a ir acompañado por una escolta militar». Aquello era todo un milagro.

Imagínese lo emocionado que debe haber estado Nehemías mientras cabalgaba por el desierto, rumbo a Jerusalén.

«¡No lo puedo creer!», debe haber pensado. «Hace cuatro meses, esto solo era un sueño, una idea que me había dado Dios. Ahora, tengo una escolta militar que me lleva a mi ciudad para edificar mi sueño, y con su dinero».

Porque Nehemías confió en Dios... porque oró, planificó y

esperó en Dios... obtuvo todo lo que pidió, y más.

Cuando Dios encuentra a una persona que ve la visión de él, le proporciona los recursos necesarios. Nehemías había oído la voz de Dios. Estaba sensible ante el corazón de Dios, y dispuesto a dejarse usar por él. Cuando Dios lo movió, comenzó a orar. Dios tradujo en visión la carga que sentía Nehemías por los demás. Así es como obra la oración perseverante. Convierte una carga en visión. No hay nada que Dios no esté dispuesto a hacer por una persona que vea la visión que él tiene.

> *No hay nada que Dios no esté dispuesto a hacer por una persona que vea la visión que él tiene.*

El segundo capítulo de Nehemías es un hermoso ejemplo de la armonía que es posible cuando Dios y el hombre colaboran en el logro de cosas sobre la tierra. A Dios le corresponde la soberanía. A nosotros nos corresponde orar, planificar y estar preparados.

Oramos para que Dios prepare unas circunstancias que se encuentran más allá de nuestro control. Después hacemos planes para lo que sí podemos controlar. No es ni una cosa ni la otra. No es: «Ora y deja que te guíe el Espíritu». Oímos decir esto mucho, pero la Biblia dice que es una necedad. Las Escrituras nos dicen que el hombre prudente hace planes. El éxito exige la parte de Dios, y también la mía. Tenemos que orar, apoyarnos en Dios, planificar y realizar nuestro mejor esfuerzo. La oración y la planificación van juntas.

Como Nehemías se había preparado, cuando surgió la oportunidad la reconoció, y estuvo listo.

LOS LÍDERES SE PREPARAN PARA EL ÉXITO EN LUGAR DE PREOCUPARSE POR EL FRACASO

A Nehemías no le preocupaba lo que pudiera pasar si su plan no funcionaba. Había planificado y orado, como si aquello que iba a suceder fuera inevitable.

Aplica esto a tu propia vida.

¿Quieres de verdad crecer espiritualmente? Estás leyendo este libro, así que eso es una buena indicación de que tu respuesta es afirmativa.

> *El éxito exige la parte de Dios, y también la mía.*

¿Qué planes has hecho para tu crecimiento espiritual? Nosotros planificamos todo lo demás en nuestra vida. ¿Por qué no planificamos nuestro crecimiento espiritual? ¿Tienes un plan para leer la Biblia completa? ¿Tienes un plan para apartar un cierto tiempo todos los días y dedicarlo a la oración? ¿Tienes un plan para hablarle del Señor a esa persona de tu trabajo? ¿Tienes un plan para invitar a esa persona a cenar en tu casa, conocerla mejor e invitarla a la iglesia? ¿Lo tienes planificado, o sencillamente estás dejando que todo suceda de manera espontánea? Son muy pocas las cosas que suceden de forma espontánea. Necesitas tener un plan:

- Un plan para testificar.
- Un plan para leer la Biblia.
- Un plan para orar.

Reflexionemos...

Para que cualquiera de esas cosas sean efectivas y una constante en tu vida lo que necesitas es un plan.

¿Cuáles son tus planes? ¿Son solo sueños que piensas y le pides a Dios que bendiga, o son planes que proceden del Señor? ¿Cómo conoces la diferencia?

Si tus planes proceden del Señor, van a ser lo suficientemente grandes para que él quepa en ellos.

Alguien dijo en una ocasión: «No haga planes pequeños, porque esos planes no tienen el poder necesario para mover las almas de los hombres». Los pensamientos grandes atraen grandes

Si tus planes proceden del Señor, van a ser lo suficientemente grandes para que él quepa en ellos.

pensadores; los sueños pequeños atraen a pequeños pensadores. ¿Qué clase de pensador eres?

Cualesquiera que sean tus planes, hazlos lo suficientemente grandes para que pueda exhibir a Dios ante el mundo. Que tu vida le grite a todo el que la vea: «¡Dios es grande!»

Si estás gastando más tiempo y energía preocupándote por los fracasos, que planificando para el éxito, los estás desperdiciando ambos.

Padre celestial, te pedimos que tomemos nuestra vida en serio y nos demos cuenta de las necesidades, como tú dijiste, para que vivamos con un sentido correcto de responsabilidad, no como los hombres que desconocen el significado de la vida, sino como las personas que sí lo conocen. Señor, ayúdanos a hacer el mejor uso posible de nuestro tiempo. Danos un corazón que se aferre con firmeza a lo que sabemos que es tu voluntad. Señor, ayúdanos a pensar con detenimiento el sentido que tome nuestra vida y meditar en la senda por la cual caminamos. Ayúdanos a reconocer las oportunidades que tú nos pones delante, y a estar listos para cuando se presenten. Ayúdanos a fijar metas, marcar fechas límites, prever los problemas, calcular el costo y aplicar a nuestra vida estos seis principios de la planificación. En el nombre de Jesús. Amén.

Guía para la aplicación del principio
del capítulo 3

Los planes de un líder

Aplicando los propósitos de Dios

Comunión — ¿Cómo puede usar Dios a otros creyentes para
ayudarte en tu plan?
- ¿Formas parte de un grupo pequeño o tienes un
amigo de confianza que te pueda ayudar a revisar
tus metas y plazos?
- Pídele a esa persona que te recuerde tu responsabilidad al planificar y al ejecutar.

Discipulado — Liderar como Jesús significa aprender su estilo de administración.
- Estudia los versículos en este capítulo para descubrir los planes de Dios para los líderes. ¿Sigues estos
planes?
- ¿Qué puedes hacer ahora para aprender más sobre
Jesús y de cómo parecerte más a El?
- ¿Cómo te ha ayudado este capítulo para crecer
como discípulo de Cristo?
- Antes de la siguiente lección, revisa Juan 17 y examina el patrón que Jesús estableció para el liderazgo.

Ministerio — Conocer las necesidades del Cuerpo de Cristo
implica una planificación cuidadosa para no desperdi-
ciar tus recursos.
- ¿De qué manera Dios quiere usarte para servir a
otros creyentes?

- Si ya ejerces liderazgo, ¿cuál planificación requiere tu rol?
- ¿Qué principios de Nehemías puedes aplicar para ser más efectivo para el Señor en tu ministerio? Elije dar un paso hacia adelante en tu trabajo.

Evangelismo — Los líderes son observados por otros, creyentes y no creyentes.

- En tu rol de líder, ¿cómo te aseguras de reflejar a Cristo a aquellos bajo tu liderazgo?
- ¿Hay alguna estrategia que puedes estudiar o el ejemplo de algún líder que puedes seguir?
- ¿Cómo te ayuda la planificación a responder ante la crisis y las críticas de rechazo?
- Medita al respecto, haz un plan y prepárate a manejar las crisis.

Adoración — Si queremos reflejar a Dios a quienes nos rodean, debemos pasar tiempo en Su presencia.

- ¿Cómo puede usar Dios un culto, un estudio bíblico, un concierto cristiano, para afirmar tus aptitudes de liderazgo?
- ¿Te tomas tiempo diariamente para estar a solas con el Señor?
- Momentos de paz son una gran manera de recargar tus baterías espirituales. Si no lo tienes aún, es tiempo de hacer un espacio en tu agenda para ello. Haz de Dios tu prioridad y verás lo que Él hace con tus planes.

PUNTOS DE REFLEXIÓN:

¿Cuán importante ha sido para ti planificar en el pasado? ¿De qué forma este capítulo te ayudó a entender la necesidad de planificar tus proyectos antes de iniciarlos? Deja de lado tu proyecto por un momento y contesta las siguientes preguntas:

* ¿Puedes determinar ejemplos de proyectos pobremente concebidos en la historia o en la actualidad?
* ¿Cuál fue el resultado?
* ¿Qué hubiese sucedido de haber usado un poco de prevención y estrategia?

Ahora que sabes que Dios te ha escogido para liderar a otros, ora por tu rol de liderazgo y por conocer la importancia en planificar. En el próximo capítulo, vamos a ver cómo motivar a otros. ¡Vamos a ver como involucrar a tu equipo en los planes que Dios te revela!

4

CÓMO MOTIVA UN
LÍDER A OTROS

El éxito nunca es un espectáculo de un solo hombre. Nehemías sabía que su proyecto de reconstrucción de los muros necesitaría de un equipo de personas consagradas y trabajadoras que compartieran su visión. Cuando llegó a Jerusalén, la gente con que se encontró se sentía derrotada y apática, y vivía en medio de los escombros. En los últimos noventa años se había intentado en dos ocasiones la reconstrucción de los muros, sin lograrlo. El pueblo había perdido toda su seguridad. Había llegado a una conclusión: «¡No se puede!»

Nehemías llegó al lugar, y en cuestión de días había conseguido el apoyo de toda la ciudad. Formó equipos, los movilizó y logró que el muro estuviera reconstruido cincuenta y dos días después. ¿Cómo logró el éxito donde otros habían fracasado?

¿Acaso era un hombre que hacía milagros? No; solo era un gran líder. Él comprendía los principios de la motivación.

Él sabía que iba a tener que trabajar para volver a dar ánimo a los pobladores de la ciudad, y lo logró. Los principios que él aplicó te funcionarán también a ti cada vez que necesites hacer que la gente se sienta entusiasmada ante algo nuevo. Si te ascienden a un nuevo puesto, si necesitas hacer que la gente colabore contigo en algo, si necesitas vender una idea, tienes que introducir cambios; cada vez que necesites echar a andar un proyecto, recuerda a Nehemías.

¿Cómo motiva un líder a otras personas? He aquí cómo lo hacía Nehemías.

1. Un líder espera oposición

«*Pero al oír que alguien había llegado a ayudar a los israelitas, Sambalat el horonita y Tobías el siervo amonita se disgustaron mucho*».[1]

En el momento que digas: «Hagamos algo», alguien va a saltar para decir: «No hagamos nada». Cuando el pueblo de Dios se levanta y dice: «Edifiquemos», Satanás dice: «Levantémonos para oponernos».

La gente tiene una resistencia natural a los cambios. No le gustan. Quiere el *status quo*, expresión latina que tal vez signifique «el lío en el que ya estamos metidos». La gente se resiste a los cambios por diversas razones. Para favorecer los cambios necesarios, los líderes averiguan cuáles son esas razones, y se enfrentan a ellas.

Sambalat, el gobernador de Samaria, y Tobías, el líder de los amonitas, oyeron decir que venía Nehemías para reconstruir los muros. Sin que Nehemías hubiera llegado siquiera a Jerusalén, ya había oposición contra lo que iba a hacer. No estamos seguros de la forma en que Nehemías lo supo, pero es probable que enviara exploradores por delante, a fin de que descubrieran los posibles problemas que existieran.

> *«Pero me quedaré en Éfeso hasta Pentecostés, porque se me ha presentado una gran oportunidad para un trabajo eficaz, a pesar de que hay muchos en mi contra».[2]*

No hay oportunidad sin oposición.

Cuando tus planes exijan que tu gente cambie para producir cambios, espera oposición.

2. Un líder espera el momento oportuno

> *«Tres días después de haber llegado a Jerusalén...»[3]*

El momento lo es todo. ¿Alguna vez has visto morir una buena idea porque no era el tiempo para ella? El tiempo lo cambia todo. Nehemías sabía que esto también se aplicaba a la motivación de las personas.

No hay oportunidad sin oposición.

Después de llegar a Jerusalén, esperó tres días antes de comenzar. No entró a la ciudad cabalgando sobre un caballo blanco con banderas desplegadas y bandas militares tocando. No proclamó: «Aquí estoy para salvar la situación. Y ahora, ¡a trabajar!» No salió corriendo a la ferretería del lugar para conseguir los suministros. Ni siquiera anunció el motivo por el que estaba allí. Su diario dice que durante tres días no hizo nada.

¿Qué pasó durante aquellos tres días? Nehemías no hizo nada con respecto a sus planes, pero sabemos que estaba haciendo algo.

Lo más probable es que estuviera descansando, recuperándose de su largo viaje por el desierto. Un viaje así agotaría a cualquiera. ¡Nunca tomes una decisión de importancia cuando estés cansado! Es muy probable que sea una decisión errónea. La fatiga enturbia nuestros puntos de vista.

¡Nunca tomes una decisión de importancia cuando estés cansado!

Sabemos que Nehemías era hombre de oración, así que es probable que pasara momentos en oración. Lo más probable es que también estuviera haciendo planes; revisando su estrategia.

Sin duda, estaba también fomentando la curiosidad. Imagínate lo que debe haber estado pensando la gente del lugar: aquí viene este personaje, con una escolta del rey, y entra cabalgando a una ciudad derrotada y desalentada. Entonces se va a la casa de sus parientes, y durante los tres días siguientes... nada. ¿Te parece que esto haya causado curiosidad? ¿Te parece que las autoridades del lugar querrían saber lo que se traía entre manos aquel sujeto?

Durante tres días, las conjeturas iban en aumento. Al tercer día, todos habían oído hablar de Nehemías en la ciudad. ¿Qué te parece que sucedió cuando por fin convocó aquella conferencia de prensa? La gente estaba lista para escuchar sus planes.

> *«Un tiempo para callar, y un tiempo para hablar».*[4]

> *«En realidad, para todo lo que se hace hay un cuándo y un cómo».*[5]

Si lo que piensas hacer va a producir cambios en la vida o situación de los demás, es vital que esperes el momento oportuno. Jesús tenía un profundo sentido de la oportunidad. Durante su peregrinaje hacia la cruz, muchas veces dijo: «No es hora...
Aún no ha llegado mi tiempo».

3. Un líder evalúa la situación real

> *«Salí de noche acompañado de algunos hombres, pero a ninguno de ellos le conté lo que mi Dios me había motivado hacer por Jerusalén. La única bestia que llevábamos*

era la que yo montaba. Esa noche salí por la puerta del Valle hacia la fuente del Dragón y la puerta del Basurero. Inspeccioné las ruinas de la muralla de Jerusalén, y sus puertas consumidas por el fuego».[6]

Esta es la cabalgata de media noche de Nehemías, como la famosa cabalgata de media noche de Paul Revere. Pero en lugar de advertirle a la gente que se acercaba una invasión enemiga, que para Jerusalén no era un peligro inminente, Nehemías recorre los muros de la ciudad y los inspecciona. En medio de la noche, con la única ayuda de un pequeño grupo, sale para inspeccionar personalmente los daños. A diferencia de Paul Revere, Nehemías no quiere llamar la atención.

Todo buen líder es capaz de comprender lo que estaba haciendo Nehemías. Estaba realizando su labor previa. Estaba comprobando el trasfondo de la situación. Este es el aspecto del liderazgo del cual nunca oímos hablar: es la parte solitaria de la labor. La preparación, la comprobación de datos y la investigación no tienen nada de encantadoras ni de emocionantes. Pero sin ellas el plan está condenado al fracaso.

Es posible que ya a estas alturas, Nehemías se sintiera desanimado. Al examinar el problema y ver lo grande que era, debe haber pensado: «¡Esto es mucho peor de lo que me imaginaba! ¿Qué voy a hacer? Nunca me he tenido que enfrentar a un proyecto así en toda mi vida».

«Los gobernadores no supieron a dónde fui ni qué hice, porque hasta entonces no había dicho nada a ningún judío: ni a los sacerdotes, ni a los nobles, ni a los gobernadores ni a los que estaban trabajando en la obra».[7]

¿Por qué Nehemías mantuvo tanto secreto con respecto a esta inspección? No quería que le detuvieran sus planes antes de comenzarlos. Sabía que, para que le aceptaran esos planes, necesitaba armarse con los datos precisos. ¿Has notado alguna vez lo fácil que

> *Los grandes líderes protegen sus planes de una muerte prematura.*

es matar una buena idea? La gente negativa tiende mucho más a expresar sus ideas, que la gente positiva. Como Nehemías no contaba todavía con todos los datos, se puso a trabajar calladamente, reuniendo información antes de anunciar lo que iba a hacer.

Los grandes líderes protegen sus planes de una muerte prematura.

«Adquiere la verdad y la sabiduría, la disciplina y el discernimiento, ¡y no los vendas!».[8]

«Es necio y vergonzoso responder antes de escuchar».[9]

«Sólo el tonto cree sin más lo que se le dice. El hombre prudente examina lo dicho para ver a dónde conduce».[10]

Los buenos líderes hacen su propia investigación.

Antes de comenzar la iglesia Saddleback, me pasé cerca de seis meses estudiando la zona, reuniendo estadísticas, escribiendo, hablando con la gente y recogiendo información. Aprendí de memoria las calles, recogí estadísticas en el censo y les escribí a otros pastores de la región. Cuando por fin salí para registrar e inspeccionar la zona, no le dije a nadie lo que estaba haciendo. Estaba realizando mi trabajo previo de preparación.

> *Los buenos líderes hacen su propia investigación.*

Hoy en día les exigimos a los pastores que hagan investigaciones de tipo demográfico en la zona antes de comenzar una iglesia hija. Es importante tener en la mano esos datos antes de comenzar todo proyecto que transforme vidas.

Nehemías comprendió que tendría oposición, creó curiosidad y reunió todos los datos. Finalmente, estuvo listo para hacer públicos sus planes y comenzar a formar su equipo de colaboradores. Su próximo desafío era hacer que los israelitas se sintieran entusiasmados con lo que él había ido a hacer allí.

4. Un líder se identifica con su gente

> *«Por eso les dije: Ustedes son testigos de nuestra desgracia. Jerusalén está en ruinas, y sus puertas han sido consumidas por el fuego. ¡Vamos, anímense! ¡Reconstruyamos la muralla de Jerusalén para que ya nadie se burle de nosotros! Entonces les conté cómo la bondadosa mano de Dios había estado conmigo y les relaté lo que el rey me había dicho. Al oír esto, exclamaron: ¡Manos a la obra! Y unieron la acción a la palabra».*[11]

Nehemías no se presentó como el extraño que había aparecido en el momento exacto para rescatar a Jerusalén de sus tristes fracasos del pasado. No presentó un mensaje negativo, ni culpó a nadie. Cuando uno le echa la culpa a otros, disminuye su motivación. Lo que hizo Nehemías fue aceptar la culpa. Se identificó con la frustración y animó a hacer una evaluación sincera del problema. Dijo: «Yo soy uno de ustedes, y este problema es de todos nosotros».

Cuando uno le echa la culpa a otros, disminuye su motivación.

Los buenos líderes se identifican con su gente. Las personas se sienten motivadas a trabajar para alguien que comparta su carga, y tenga una visión para alcanzar su meta. Todos los padres descubrimos que los hijos responden mejor cuando sienten que los comprendemos y nos identificamos con su problema. Los grandes líderes comprenden esto:

Las mejores ideas no son ni mías, ni tuyas; son nuestras.

5. Un líder no oculta la seriedad del problema

Nehemías fue sincero en su mensaje. Les dijo: «Tengo unas cuantas ideas, pero primero, ustedes necesitan saber lo mala que está la situación en realidad». No trató de atenuar el problema. Lo que hizo fue dramatizarlo. Al resaltar lo seria que era la situación, apeló a sus emociones.

Las mejores ideas no son ni mías, ni tuyas; son nuestras.

¿Por qué usó esta táctica? Él sabía que ellos llevaban años viviendo de esa forma, y mientras no les importara lo suficiente, no cambiaría nada. ¿Has observado que cuando uno vive durante mucho tiempo una mala situación, comienza a ignorarla? Cuando uno vive dentro de una situación el tiempo suficiente, por mala que sea, se puede volver apático con respecto a ella. Al volver a centrar la atención del pueblo en el problema que había estado viviendo durante décadas, hizo que se enfrentaran a la realidad.

Después que el líder se enfrenta a la realidad, necesita que su equipo se enfrente también a ella. Los cambios no se producirán mientras no nos sintamos descontentos con el *statu quo*. Los líderes crean ese descontento. Ellos saben que es la única forma de producir el cambio, ya sea en el hogar, la escuela, el negocio o la sociedad. Cuando la gente se contenta con lo que hay, nada cambia.

Cuando creas descontento, ten en cuenta que estás buscándote críticas. Todo el que sacuda las cosas se está metiendo en problemas. Pero esa es la marca del líder.

Nehemías usó dos puntos de motivación.

En primer lugar, apeló a su autoestima. Les dijo: «Somos el pueblo de Dios. No deberíamos estar viviendo en medio de ruinas. Sin embargo, ¡miren a su alrededor! La ciudad está en ruinas. Los muros están en el suelo. El lugar es un desastre y es solo un montón de escombros. Esto es vergonzoso. Nosotros podemos lograr algo mejor que esto».

Aquella gente debe haber sentido a Nehemías como un soplo de aire fresco. Aquel líder era distinto a los demás. No estaba enredado en su propia agenda, sino que se preocupaba por ellos. Comprendía el problema; sabía que estaban desmoralizados. Sabía lo que había que hacer para restaurar su nivel de autoestima. Y sabía la manera de hacer que *ellos* lo quisieran lograr también.

En un nivel más profundo apeló a la preocupación de ellos por la gloria de Dios. Aquella situación también era vergonzosa para Dios. Los judíos eran el pueblo de Dios, y ahora el mundo entero se reía de ellos. «Dicen que adoran al Dios verdadero», decían otros burlándose, «pero ni siquiera pueden reconstruir su propia ciudad. ¿Cómo es posible que ese Dios sea grande, cuando ellos están viviendo entre escombros y ni siquiera pueden reconstruir sus muros?»

La situación existente en Jerusalén era vergonzosa para Dios. Para los judíos, que proclamaban creer en un Dios todopoderoso, era un testimonio muy pobre. Quizá por vez primera, Nehemías señaló que la forma en que ellos estaban viviendo era una infamia para el nombre de Dios. Les dijo que los demás los estaban observando. ¿Cómo les habría de importar a ellos el Dios de los judíos, cuando a los propios judíos no les importaba cómo representaban a su Dios?

Al dramatizar el problema, Nehemías apeló a unos motivadores internos: la autoestima y la gloria de Dios. Habría podido utilizar premios e incentivos, pero era lo suficientemente listo para saber que los motivadores externos solo funcionan con los niños. Habría podido ofrecer unas vacaciones al Mar Muerto con todos los gastos pagados, pero sabía cómo iba a reaccionar la mayoría de la gente. Sabía que necesitaba apelar al sentido judío de orgullo y de honor a fin de realizar aquel formidable proyecto que embellecería su comunidad.

He aquí otro principio que comprendía Nehemías, y que tú también necesitas comprender:

La mayor motivación de la vida no es la externa ni la interna, sino la eterna.

La mayor motivación de la vida no es la externa ni la interna, sino la eterna.

Nehemías convocó las tropas con este grito de guerra: «¡Por la gloria de Dios, reconstruyamos los muros! ¡Por el reino de Dios y la gloria de su pueblo!»

Con aquellas palabras, inspiró a su equipo para que realizara lo que hasta entonces les había parecido imposible. Todo lo que hizo falta fue la motivación correcta.

6. Un líder exige una respuesta específica

Nehemías sabía que las cosas no funcionarían si se limitaba a convocar una gran reunión, animar a todo el mundo, y después enviarlos a casa. Lo que proclamó fue un llamado a la acción. «¡Reconstruyamos los muros!», les dijo, y pidió su ayuda. Les pidió una respuesta específica.

Él sabía lo que le esperaba. No se estaba engañando con un sueño imposible. Era un hombre realista, pero al mismo tiempo era optimista. Ese es el equilibrio que necesita tener todo buen líder.

Después de contemplar los montones de escombros y las actitudes de apatía que se habían convertido en una realidad diaria en Jerusalén, Nehemías habría podido darse por vencido y regresar a Babilonia. Pero fue más allá de la realidad para contemplar la posibilidad. Vio lo que era Jerusalén, pero también vio lo que podría llegar a ser. Esa es otra de las características de todo gran líder: es capaz de inspirar a otros a la grandeza. Nehemías era de esa clase de líderes. Tú también puedes serlo.

Los grandes líderes ven tanto lo real como lo ideal.

Los grandes líderes ven tanto lo real como lo ideal.

Ven lo que *es*, pero también ven lo que *puede llegar a ser*. Una persona que solo ve lo que puede llegar a ser, y no lo que es, no es líder, sino visionario. Hay una gran diferencia. Una persona que ve lo que es, pero no lo que *podría llegar a ser*, no es un líder, sino un contador. Para ser un gran líder, necesitas ver tanto lo real como lo posible. Cuando una persona encarna en sí misma estas dos cualidades, el producto final es un gran liderazgo.

El liderazgo que produce cambios permanentes requiere un trabajo en equipo.

Los líderes que ven tanto lo real como lo ideal, saben que para alcanzar lo ideal necesitan ayuda. Y no tienen miedo de pedir esa ayuda. La mayoría de la gente no pide ayuda. Cometemos el error de pensar que, o bien nadie nos quiere ayudar, o bien nosotros somos tan estupendos, que no necesitamos ayuda. El liderazgo que produce cambios permanentes requiere un trabajo en equipo.

Nehemías vio que los muros que rodeaban a Jerusalén no serían reconstruidos mientras no hubiera alguien que se levantara y dijera: «Si queremos restaurar nuestra ciudad y la reputación de Dios, nos vamos a tener que sacrificar. Hacer esto va a exigir tiempo, dinero, esfuerzos y energías». Los líderes piden una respuesta específica.

7. Un líder anima con su testimonio personal

Nehemías les relató a lo israelitas cómo Dios lo había llamado con este mismo propósito de que reconstruyera los muros. Les habló de cuando había oído las noticias que llegaban de Jerusalén, de cómo había clamado a Dios, de la carga que sentía por la ciudad y de cómo las circunstancias confirmaron ese llamado.

«Oré y oré», les dijo, «y un día Dios me dijo: «¿Por qué no te conviertes tú en la respuesta?» Entonces la carga se convirtió en visión. «Está bien, Señor, lo voy a hacer», le dije. Pero en realidad, la idea fue de Dios. «*Entonces acudí al rey, y el rey me dijo que sí. Hasta me dio una guardia de caballería y me dijo que él lo pagaría todo.*» Dios confirmó su llamado.

Si alguien se te acerca para decirte: «Dios me indicó que hiciera esto», es adecuado que le preguntes: «¿Hay alguien que haya confirmado ese llamado? ¿Estás seguro de que no se trata de algo que se te haya ocurrido? ¿Hay alguna señal que lo confirme?»

Cuando Dios me dio la idea para la iglesia Saddleback, yo supe que no era una ocurrencia mía. Yo me sentía bien donde estaba sirviendo a Dios, en Fort Worth, Texas. Pero entonces, él me puso en el corazón que fuera a California a comenzar una iglesia. Después confirmó su llamado por medio de una serie de milagros. No seré un genio, pero no tengo duda alguna de que Dios me llamó a comenzar la iglesia Saddleback. Y eso me hace sentir un temor reverencial. Cuando es Dios el que nos está indicando que hagamos lo que tenemos en el corazón, él mismo lo confirma y nos deja sin una duda.

> *«Entonces les conté cómo la bondadosa mano de Dios había estado conmigo y les relaté lo que el rey me había dicho. Al oír esto, exclamaron: ¡Manos a la obra! Y unieron la acción a la palabra».*[12]

Cuando Nehemías explicó cómo Dios lo había llamado, y después cómo las circunstancias habían confirmado ese llamado, el pueblo se entusiasmó. Durante noventa años Jerusalén había estado metida en una rutina sin esperanza, y ahora Nehemías aparecía con un mensaje fresco y unas evidencias dignas de crédito: «Es Dios quien me puso aquí para que hiciera esto», les dijo, «y tenemos la autorización del rey. El mismo rey que les dijo a ustedes que no antes, ahora está dispuesto incluso a pagar la obra». Había captado la atención de ellos.

La visión había sido transferida. Al principio, Nehemías la guardó con cuidado y no le dijo nada a nadie. Una vez que había terminado su investigación sobre la situación, cuando se presentó

el momento oportuno, comenzó a hablarle a la gente. Primero exageró la situación para despertarlos a todos del estupor en el que habían estado metidos durante aquellos años. Les pidió que respondieran ayudando a reconstruir los muros. Les dio ánimo contándoles su historia personal. Cuando el pueblo vio la mano de Dios en aquello, ya la visión dejó de pertenecer solo a Nehemías. Ahora le pertenecía a todo el pueblo.
El secreto había sido revelado.

Nehemías comprendía que la gente se siente más inclinada a seguir personas, que a seguir programas. Por eso, usó su testimonio personal para motivarlos. Comprendía el poder de la experiencia personal. Los pueblos siguen a los líderes.

> *La gente se siente más inclinada a seguir personas, que a seguir programas.*

«*Imítenme a mí, como yo imito a Cristo*».[13]

Este es un momento excelente para que te hagas esta pregunta: *¿Por qué razón me habría de seguir alguien a mí como líder?*

La respuesta es: «Me seguirán como líder cuando puedan ver la mano de Dios sobre mi vida».

Esta es la única prueba real del liderazgo: ¿Es evidente el Espíritu de Dios en tu vida? Si no lo es, entonces no eres una persona a la que haya que seguir. El liderazgo no es cuestión de estudios o de talento, es cuestión de las evidencias de que el Espíritu de Dios se halla sobre la vida de la persona.

¿Tiene Dios puesta su mano sobre tu vida?

8. Un líder responde a la oposición con rapidez y firmeza

> «*Cuando lo supieron, Sambalat el horonita, Tobías el oficial amonita y Guesén el árabe se burlaron de nosotros y nos preguntaron de manera despectiva: Pero, ¿qué están haciendo? ¿Acaso pretenden rebelarse contra el rey?*».[14]

La hostilidad ante el proyecto de Nehemías había ido creciendo. Al principio solo se trataba de Sambalat y de Tobías. Ahora los acompañaba Guesén. Es un esquema típico. La hostilidad crece a medida que continúa el proyecto.

Más adelante descubriremos que las hostilidades le venían de seis frentes distintos. ¡Tuvo oposición por todos lados!

Primero, «*se burlaron de nosotros y nos preguntaron de manera despectiva*». Se rieron cuando oyeron hablar de su plan. Los muros habían estado en ruinas durante noventa años. ¿Acaso los reconstruirían ahora? Para sus enemigos, todo aquello era una broma.

Cuando aquello no detuvo el proyecto, los acusaron de rebelarse contra el rey. Esa táctica había logrado ya en una ocasión que se detuviera la edificación de los muros, así que ¿por qué no intentarla de nuevo? Si el rey llegaba a creer que estaba perdiendo una fuente de ingresos, por supuesto que detendría el proyecto. Pero aquella vez no funcionó, porque ahora estaba Nehemías en la escena, y a él no lo podrían sacar del medio.

> «*Yo les contesté: El Dios del cielo nos concederá salir adelante. Nosotros, sus siervos, vamos a comenzar la reconstrucción. Ustedes no tienen arte ni parte en este asunto, ni raigambre en Jerusalén*».[15]

Nehemías se negó a discutir. Sabía que la reconstrucción de los muros era idea de Dios, así que se limitó a hacerlo notar. Les indicó que el proyecto y la idea procedían de Dios. Puesto que todo aquello era idea de Dios, todo lo que necesitaba hacer el pueblo era confiar en que Dios les daría el éxito. Cuando te encuentres en una situación parecida, y sepas que Dios está de tu parte, lo más sabio será que no discutas con tus oponentes.

Lo que hizo Nehemías fue poner al descubierto los motivos egoístas que tenían sus enemigos. Comprendía que si se reconstruía a Jerusalén, esto reduciría el tamaño del reino de ellos, así que era lógico que se opusieran al proyecto. Reveló sus motivos.

Cuando ellos lo acusaron de rebelarse contra el rey, se limitó a sacar las cartas que tenía, y que estaban firmadas por el propio Artajerjes. Eso los calló... al menos por un tiempo.

El hecho de ver a Nehemías defendiendo su causa hizo que la moral de los judíos creciera enormemente. Después de años de derrota, al fin había alguien que no tenía miedo de defenderlos. Nehemías no tuvo miedo de decirles a sus enemigos: «Ustedes no tienen derecho histórico alguno sobre esta ciudad».

« Hermanos, no se extrañen si el mundo los odia».[16]

Si comienzas a trabajar para Dios, puedes estar seguro de que se te opondrán. Cuando otros te ridiculicen por tu posición a favor de Dios, no te sorprendas. En el mismo momento en que hagas una declaración pública de tu fe, te convertirás en blanco de los que no la comparten. Esto es cierto en la vida, hagamos lo que hagamos, habrá siempre quien no estará de acuerdo con nosotros. La única forma de evitar las críticas en la vida es no hacer nada, no ser nadie y no decir nada. Una vez que te decidas a vivir para Jesucristo, habrá alguien en algún lugar que se va a reír de ti. Puedes darlo por seguro; déjalos que se rían.

En el mismo momento en que hagas una declaración pública de tu fe, te convertirás en blanco de los que no la comparten.

La gente va a poner en tela de juicio tu motivación, como estos hicieron con Nehemías, al desafiarlo diciéndole: «¿Acaso estás tratando de construir tu propio imperio? ¿Estás tratando de alimentar tu ego, queriendo hacer lo que ningún otro ha hecho durante noventa años?» Todo esto forma parte del precio del liderazgo.

Cuando compramos el terreno para la iglesia Saddleback, comenzaron a surgir rumores por todo el valle de Saddleback, donde nos íbamos a ubicar. «Esa iglesia de Saddleback que está allá arriba», susurraba la gente, «acaban de comprar más de 50 hectáreas. ¿Quiénes se creen que son?» Pero el asunto nunca tuvo que ver con la arrogancia. La pregunta no era sobre «quiénes nos creíamos que éramos *nosotros*», sino sobre «quién creemos que es *Dios*».

El tamaño de tu Dios determina el tamaño de tus metas. Todo el mundo necesita a Jesús. Cuando Dios nos da una visión, no le podemos poner límites a lo que él quiera hacer con ella. La visión es de Dios, ni tuya ni mía. Ponerle límites a Dios sería el colmo de la arrogancia. Sencillamente, no tenemos derecho alguno a hacerlo.

¿Has salido alguna vez a remontar un barrilete en un día de viento? Observa que el barrilete va subiendo en contra del viento, y no a favor de él. Son esas corrientes de aire que chocan contra él y las que hacen que vaya subiendo cada vez más alto. Recuerda que la gente se va a oponer al sueño que Dios te dio. Piensa en ese pequeño barrilete y responde a tus oponentes con rapidez y firmeza.

> *El tamaño de tu Dios determina el tamaño de tus metas.*

¿Eres tú un subgerente con el sueño de que te asciendan a una posición ejecutiva? Hay una forma correcta de enfrentar las responsabilidades, y otra incorrecta. Cuando llegue el día en que te den el ascenso por encima de tus compañeros, date cuenta de que si actúas como si todo el tiempo te lo hubieras estado mereciendo, va a haber quienes se te opongan. «¿Quién se cree él que es?», susurrarán a tus espaldas. Toma la lección de la respuesta diplomática que dio Nehemías ante su repentino ascenso.

Como ayudante de Artajerjes, Nehemías se hallaba en un papel de gerencia de segunda. Entonces, fue ascendido de repente a líder del proyecto de reconstrucción de los muros. A mucha gente le costaría trabajo un cambio así. El aumento repentino de poder es demasiado para ellos. ¿Has conocido alguien a quien le haya pasado esto?

Nehemías nos muestra la forma de manejar con delicadeza la transición entre puestos de trabajo, el poder y las hostilidades. Durante noventa años, la gente había estado diciendo: «No se puede hacer. Esos muros están en ruinas, y así se van a quedar. El trabajo es demasiado grande». Ahora aparece en escena Nehemías, listo para poner manos a la obra. Convierte a una comunidad hostil y apática en un equipo entusiasta que apenas puede esperar para comenzar. Y lo hace en tres días.

A partir de su ejemplo, revisemos los pasos que dio, de manera que tú puedas aprender a ser un líder como él.

Reflexionemos...

- **Da por sentado que se te van a oponer**. Las oportunidades sin oposición no existen. Por excelente que sea tu idea, tienes que darte cuenta de que alguien va a tratar de desacreditarla. Debes estar consciente de esto antes de comenzar y ahorrarte la clase de angustia que puede hacer que lo eches todo a perder, aun antes de haber comenzado. Si Dios está en tus planes, él se va a enfrentar a esas oposiciones.
- **Espera el momento oportuno**. Cuando te venga una gran idea, no te precipites a contársela a todos tus conocidos. Mantenla en secreto por un tiempo y espera el momento oportuno. Asegúrate de estar descansado. Asegúrate de que has dedicado tiempo a orar y planificar. Hay un momento oportuno para cada cosa.
- **Enfréntate a la realidad**. Cuando le propongas algo a alguien, no te dejes agarrar sin que tengas todos los datos a mano. Cuando te digan: «Y esto, ¿qué?», no te va a agradar el tener que responder: «No había pensado en eso». Ve armado con datos y cifras para respaldar aquello de lo que quieres hablar. Recuerda lo que dice la Palabra: *«Solo el tonto cree sin más lo que se le dice. El hombre prudente examina lo dicho para ver a dónde conduce».*[17] Los buenos líderes investigan las cosas por su propia cuenta.

- **Identifícate con la gente**. El líder que dice: «Yo estoy aquí para decirles lo que hay que hacer», nunca va a ganarse el respeto de la gente. Nehemías no llegó contoneándose para decir: «Vine para reconstruir los muros. Si me quieren consultar, voy a estar en mi oficina». En lugar de esto, lo que dijo fue: «Tenemos un problema, y esto es lo que necesitamos hacer con él. Reconstruyamos». Un gran líder comprende el poder que tienen la identificación, la apropiación y el trabajo de equipo.

Los buenos líderes investigan las cosas por su propia cuenta.

- **Dramatiza el problema**. Nehemías presentó una clara imagen del problema, con el fin de acentuar su gravedad. Desde el principio, les dijo que el trabajo iba a ser duro. En todo sentido, fue sincero con ellos en cuanto a lo que les esperaba. Al mismo tiempo, reconoció el valor que tenía apelar a su sentido de orgullo como pueblo escogido de Dios, y a su deseo natural de glorificar a Dios. Ese era el mayor de todos los motivos. Cuando te enfrentes a los retos, no te los guardes para ti solo. Comunícale tus necesidades a tu equipo de tal forma que los inspires a ayudarte. Los grandes líderes inspiran a trabajar en equipo.

- **Pide una respuesta específica**. Nehemías dijo con todo realismo: «Necesito su ayuda. Yo solo no puedo hacer esto». En su optimismo, también les dijo: «Sé que podremos lograrlo si trabajamos juntos. ¡Reconstruyamos esos muros!» Dale a conocer a la gente con exactitud lo que necesitas que hagan, y después anímala, asegurándole que, con la ayuda de Dios, se puede lograr.

Los grandes líderes inspiran a trabajar en equipo.

- **Anima con tu testimonio personal**. La gente responde de manera positiva a los testimonios de la obra de Dios en nuestra vida, como sucedió en el caso de Nehemías. Él habló de la bendición de Dios, la visión y la confirmación por medio de las circunstancias, y la gente le creyó. Su fe fue levantada y desafiada por lo que habían oído. Si a Dios le importaba tanto ver que se reconstruyeran sus muros, ¿cómo iban ellos a negarse a hacerlo? Hubo una transferencia de visión. Ahora, el sueño le pertenecía al pueblo. Podían ver la mano y el Espíritu de Dios en la vida de Nehemías, y estaban listos para seguirlo. ¿Cuáles son las evidencias de que la mano de Dios está sobre tu vida?
- **Responde con rapidez y firmeza a los que se te opongan**. Nehemías sabía que era inútil discutir. ¿Cómo manejas a quienes se te oponen? Si tus planes y sueños vienen de Dios, la batalla es también de él.

Si eres líder debes comprender que hay planes que Dios tiene para tu vida, y metas que quiere alcanzar por medio de ella, y que a la gente no le van a gustar. Date cuenta de eso ahora mismo. Va a haber alguien, en algún lugar, que no esté de acuerdo con la dirección en la cual Dios te está llevando. Se te exigirá que te definas.

Se te exigirá que te definas.

Los cristianos necesitamos ser realistas en cuanto a la popularidad de nuestra decisión de seguir a Cristo. No todo el mundo va a reaccionar de manera positiva ante lo que hemos decidido hacer. De hecho, es posible que haya quienes se opongan con todas sus fuerzas. Tanto tú, como yo, necesitamos estar preparados para las críticas y el ridículo. ¿Estás dispuesto a vivir para Jesucristo, sin importarte lo que piensen los demás?

Ese es el comienzo del liderazgo.

Padre, a lo largo de estos ocho pasos, nos has mostrado cómo motiva y alienta un líder a la gente en medio de los cambios. Señor, al mirar a nuestro alrededor, vemos que en nuestra vida, en nuestras iglesias, en nuestras familias, en nuestras escuelas y en nuestro mundo se necesitan muchos cambios.

Ayúdanos a estar preparados para cuando llegue la oposicion. Ayúdanos a ser sabios como serpientes, pero mansos como palomas, y a estar dispuestos a esperar el momento adecuado. Recuérdanos que necesitamos recoger los datos, prever con anticipación los problemas e identificarnos con la gente, en lugar de actuar como si fuéramos superiores; como si hubiéramos sido llamados personalmente a cambiar el mundo. Haz de nosotros unos líderes que digamos: «Ese problema es nuestro».

Ayúdanos a pedir cosas específicas y a no tener miedo de pedirle ayuda a la gente. Ayúdanos a vivir con la tensión entre lo real y lo ideal, y a lograr un equilibrio entre ambas cosas, con el fin de ser eficaces para ti.

Sobre todo, te pido por los que están leyendo este libro, para que vivan de tal manera que sea evidente que tu mano y tu Espíritu están sobre su vida. Cuando eso suceda, estaremos listos para vivir. Que nuestra vida sea un libro abierto. Que seamos personas que caminemos en tu presencia con integridad, credibilidad y sinceridad. Cuando la gente vea nuestra vida, que vea que, aunque no somos perfectos, estamos haciendo nuestro mejor esfuerzo por vivir para ti.

Padre, si hay alguien entre nosotros que no pueda decir «Imítenme a mí, como yo imito a Cristo», ayúdalo a cambiar ahora mismo. Dale el anhelo de decir: «Así quiero ser yo. Quiero ser una persona que pueda decir: «Imítenme a mí, como yo imito a Cristo».

Comprendemos que la gente no siempre va a estar de acuerdo con nuestra posición a favor de Cristo, ni va a respetar nuestros valores. Tú nos has dicho que no nos sorprendamos si el mundo nos odia por tu causa. Ayúdanos a darnos cuenta de que nuestra recompensa nos llega en el cielo; tú nos has advertido que tengamos cuidado cuando todos los hombres hablen bien de nosotros. Ayúdanos a preocuparnos más por agradarte a ti, que por agradar a los demás.

Te lo pedimos en el nombre de Jesús. Amén.

Guía para la aplicación del principio
del capítulo 4

Cómo motiva un líder
a otros

Aplicando los propósitos de Dios

Comunión — Cumplir una gran misión requiere muchas
manos trabajando juntas.
* Después de haber leído este capítulo, ¿qué pasos
  puedes tomar para asegurar que el grupo que
  lideras entiende la visión y está listo para
  "reconstruir la muralla"?
* ¿Cómo les puedes ayudar a enfrentar los hechos y
  visualizar las posibilidades?

Discipulado — Los líderes que ven el futuro son visionarios;
los que ven el presente son realistas. Nehemías pudo ver
lo real y la visión, lo que era y lo que podría ser.
* Aunque no sea tu naturaleza ser un realista-opti-
  mista, ¿cómo puedes desarrollar esas
  cualidades?
* Escribe algunas ideas que Dios te haya revelado y
  planea ponerlas en práctica esta semana.

Ministerio — Conocer las necesidades de nuestros compañeros creyentes requiere una acción recíproca. Cuando el

cambio es necesario los líderes deben confrontar a su grupo con los hechos y las situaciones actuales.

- ¿Cómo ve la gente al promotor de un cambio?
- Estudia el ejemplo de Nehemías 2: 17 y observa cómo motivó al cambio apelando a la autoestima de la gente y a su preocupación por la gloria de Dios.
- ¿De qué manera puedes ser como Nehemías en tu grupo, familia, iglesia o comunidad?
- Toma notas mientras oras y buscas la dirección de Dios. Compromete tu acción al Señor.

Evangelismo — Antes de ser efectivos en alcanzar el mundo para Cristo, necesitamos saber que Cristo nos ha llamado para alcanzarlo. Nehemías oró y recibió un encargo por parte del Señor. Después de orar por cuatro meses y descubrir que su carga estaba aún presente, se dio cuenta que había sido llamado por el Señor a hacer algo con respecto a ello.

- ¿Hay algo por lo que hayas estado orando por largo tiempo y aún no ves ningún cambio?
- Tal vez Dios te está pidiendo que te conviertas en el agente de cambio. ¿A quién conoces que necesite el amor de Cristo en su vida?
- ¿Cómo puedes convertirte en el representante de Cristo para ofrecer este amor?

Adoración — Cuando adoramos a Dios, enaltecemos Su nombre. Eso significa que estamos reafirmando y acercando Su carácter a los demás a través de nuestras vidas. Nehemías se presentó ante una comunidad que se había negado a la provisión de Dios por décadas.

- ¿Cómo podemos estar seguros que hacemos lo mismo?
- Como líder, ¿cómo puedes ser como Nehemías, alentando a otros a reflejar la verdadera y amada imagen de Dios?
- ¿Qué puedes hacer para comunicar que la adoración es una actividad de tiempo completo?

PUNTOS DE REFLEXIÓN:

Hasta aquí, hemos visto a Nehemías orar, planificar y motivar a su gente a la acción.

- ¿Cómo crees que lo hizo? ¿Podrías decir que Nehemías es un administrador de proyectos exitoso?
- ¿Qué sobresale ante tus ojos como la cualidad número uno de un líder?
- ¿De qué manera puedes aplicar esa cualidad a tu propio estilo de liderazgo?

Pero ahora Nehemías está listo para continuar. ¿Cómo organiza él su proyecto? Eso es lo que descubriremos en el próximo capítulo.

5

CÓMO ORGANIZA EL LÍDER UN PROYECTO

«Pero todo debe hacerse de una manera
apropiada y con orden».[1]

La motivación sin organización lleva a la frustración. ¿Qué principios debe seguir un líder con el fin de asegurarse de que todo se haga, como dice Pablo: «de una manera apropiada y con orden»? Una vez más, Nehemías nos ha facilitado un esquema que podemos seguir.

1. Un líder simplifica

Nehemías tenía un proyecto enorme, pero para organizarlo, tenía un plan sencillo. A diferencia de muchos líderes actuales, no creó de nuevo la organización ni trazó gráficos complejos; todo lo que hizo fue ver cómo la gente estaba ya agrupada y

Si no necesitas una organización nueva, no la crees.

organizarla de acuerdo a esto. A través del libro lo vemos crear equipos de sacerdotes, los hombres de Jericó, los hijos de Hasená y los hombres de Tecoa. Estas personas ya estaban asociadas entre sí.

Si no necesitas una organización nueva, no la crees. Haz cuanto puedas por trabajar con lo que ya existe. Con demasiada frecuencia, los líderes nuevos se precipitan a cambiar toda la organización, solo para que se parezca a la idea que ellos tienen. Hay un viejo refrán que se aplica a esto: «Si no está roto, no lo arregles».

De todos los grupos humanos, el más natural es la familia. Nehemías comprendía la fortaleza y el apoyo que se dan en las familias. Por eso, cada vez que le era posible, ponía a la gente en sus puestos por familias.

Las organizaciones más sólidas son las más sencillas.

Mira por ejemplo, los juguetes de los niños. Esos buenos bloques hechos a la antigua son básicamente irrompibles. Los juguetes más complicados se rompen casi tan pronto como juegan con ellos. Eso también es cierto en cuanto a las organizaciones. Mientras más complejas sean, más se rompen. Las organizaciones más sencillas son las más fuertes.

2. Un líder selecciona un equipo

Las organizaciones más sólidas son las más sencillas.

Muchos líderes se pasan el tiempo tratando de acorralar a los perezosos y los apáticos, en lugar de enfocarse a trabajar con los que quieren trabajar. A eso yo le llamo meter los cabritos en el corral. Aprende esto ahora, y ahórrate muchas horas de frustración: Trabaja con aquellos que quieran trabajar.

Nehemías involucró a todos los habitantes de la ciudad en la reconstrucción de los muros. Los líderes religiosos abrían camino, mientras hombres o mujeres, gente de la ciudad o de las zonas rurales, trabajadores intelectuales o manuales, movían los ladrillos. Había perfumistas, orfebres, líderes del gobierno y líderes del mundo de los negocios. Todos estaban moviendo ladrillos y haciendo la mezcla.

Todos, es decir, menos un pequeño grupo...

«Los de Tecoa reconstruyeron el siguiente tramo de la muralla, aunque sus notables no quisieron colaborar con sus dirigentes».[2]

Es obvio que estos «notables» se creían demasiado buenos para hacer este tipo de trabajo. Ponerse a mover ladrillos era algo inferior para ellos. No se dice qué excusa dieron, pero dondequiera que vayas, vas a encontrar gente así... egoístas vanos y perezosos que se creen demasiado buenos para trabajar.

En todos los proyectos hay dos clases de personas: los que trabajan y los que esquivan el trabajo. La respuesta de Nehemías a estos que estaban esquivando el trabajo, fue ignorarlos. No perdió el tiempo con la gente que no estaba dispuesta a trabajar. En lugar de hacerlo, centró su tiempo y sus energías en los que estaban dispuestos a trabajar, y ansiosos por hacerlo. No perdió el sueño, ni se amargó la vida, ni perdió el tiempo tratando de meter en el corral a la gente que no quería trabajar. Si eres líder, *no te debes preocupar* por los que no quieran involucrarse. Trabaja con los que se quieran involucrar. Esos son los que funcionan en equipo.

> En todos los proyectos hay dos clases de personas: los que trabajan y los que esquivan el trabajo.

Cuando yo comencé en Saddleback, aún no había aprendido esta lección. Cada vez que planificábamos un proyecto, una

> *Los líderes aman a todos, pero se mueven con los que se mueven.*

reunión de trabajo o un evento, me pasaba más tiempo desanimado por todos los que no estaban presentes, que por aquellos que sí habían llegado. Finalmente, Dios me mostró que necesito sentirme entusiasmado por los que *sí* acuden; los que sí *quieren* involucrarse. Hay que olvidarse de los demás. Peor para ellos, que son los que pierden. Eso no quiere decir que no debas amar a los que evaden el trabajo... pero no permitas que te lo echen abajo.

Los líderes aman a todos, pero se mueven con los que se mueven. Céntrate en los que te digan: «Yo quiero participar». No pierdas tu tiempo en los que se ponen a inventar excusas.

3. Un líder delega

Cuando estés organizando, reparte tareas específicas. Divide el proyecto de acuerdo con las tareas a realizar, y después asígnalas a personas determinadas. ¿Qué te parece que habría sucedido si Nehemías, después de despertar el interés en el proyecto, hubiera dicho: «Ustedes empiecen a trabajar donde quieran trabajar»? ¿Y si hubiera dicho: «Vamos a una parte del muro, y allí trabajemos todos al mismo tiempo»? Todo habría sido confusión, caos, los trabajadores tropezando unos con otros... en lugar de tener un muro, habrían tenido un desastre.

Nehemías caminó alrededor de todo el muro y lo dividió con todo cuidado. Es probable que usara aquella cabalgata de media noche para dividir mentalmente el muro en secciones. Cuando estés organizando proyectos, mantén las cosas sencillas, trabaja con los que quieran trabajar, y después dales tareas específicas. Delega el trabajo.

La delegación de trabajo es otro aspecto difícil del liderazgo. Puede llegar a ser duro soltar algo y confiar en los demás. Pero si pensáramos que Dios, el Dios del universo, nos confía a nosotros su propia obra, tal vez nos parecería un poco más fácil delegar la nuestra. Esto es clave para el éxito de cualquier proyecto. He aquí las tareas que abarca esta labor de delegar:

• **Divide las grandes metas en tareas más pequeñas.**
Los grandes trabajos pueden parecer abrumadores, pero si los divides en tareas más pequeñas, se vuelven realizables. Nehemías atacó el problema de la construcción de los muros —una labor tan enorme que se había venido posponiendo durante noventa años—, dividiéndolo en secciones más pequeñas.

La iglesia Saddleback comenzó con unas doce personas. Yo convertí a cada persona en un comité de una persona, y cada cual tenía sus responsabilidades específicas. Una imprimía los boletines, otra recogía los platos de la ofrenda, otra estaba a cargo de la guardería, otra se convirtió en la Escuela Dominical... El hecho de que cada cual tuviera sus propias tareas hizo que el esfuerzo de preparar nuestra primera reunión de domingo fuera un éxito.

• **Desarrolla descripciones de tareas que sean claras.** Todos merecen saber qué es lo que se espera de ellos.

• **Entrégale a cada persona la tarea que más se ajuste a su F.O.R.M.A.** (Véase FORMA, acróstico del libro *Una vida con propósito*, página 257)

Cuando se le asigna una labor a la persona equivocada, se suele producir un caos, y tras él, problemas de motivación. Saber delegar significa comprender las tareas, y también las capacidades de los miembros de su equipo, con el fin de poner las responsabilidades correctas en manos de los obreros que mejor las puedan desempeñar.

Después de seis meses de vida, una de nuestras iglesias hijas no parecía tener futuro. ¿Cuál era el problema? Resultó que nos habíamos equivocado al escoger pastor para aquella congregación. La edad promedio no era la adecuada para él. Lo pasamos a otra iglesia, y al cabo de año y medio, había buena asistencia y

Lo que es responsabilidad de todos, no es responsabilidad de nadie.

crecimiento. Es necesario tener la persona debida en el lugar adecuado, para que Dios pueda bendecir la obra.

Lo que es responsabilidad de todos, no es responsabilidad de nadie. Alguien tiene que asumir una responsabilidad concreta para cada cosa.

4. Un líder motiva

«El siguiente, Jedaías hijo de Jarumaf, cuya casa quedaba al frente, y el siguiente, Jatús hijo de Jasabnías».[3]

«Benjamín y Jasub reconstruyeron el sector que está frente a sus propias casas. Azarías, hijo de Maseías y nieto de Ananías, reconstruyó el tramo que está junto a su propia casa. Binuy hijo de Henadad reconstruyó el sector que va desde la casa de Azarías hasta el ángulo, es decir, hasta la esquina. Palal hijo de Uzay reconstruyó el sector de la esquina que está frente a la torre alta que sobresale del palacio real, junto al patio de la guardia. El tramo contiguo lo reconstruyó Pedaías hijo de Parós. Los servidores del templo que vivían en Ofel reconstruyeron el sector oriental que está frente a la puerta del Agua y la torre que allí sobresale. Los hombres de Tecoa reconstruyeron el tramo que va desde el frente de la gran torre que allí sobresale, hasta la muralla de Ofel. Los sacerdotes, cada uno frente a su casa, reconstruyeron el sector de la muralla sobre la puerta de los Caballos. El siguiente tramo lo reconstruyó Sadoc hijo de Imer, pues quedaba frente a su propia casa. El sector que sigue lo reparó Semaías hijo de Secanías, guardián de la puerta oriental. Jananías hijo de Selemías, y Janún, el

sexto hijo de Salaf, reconstruyeron otro tramo. Mesulán hijo de Berequías reconstruyó el siguiente tramo, pues quedaba frente a su casa».[4]

Cuando organices algún proyecto, permite que exista la idea de pertenencia. Ayuda a la gente a sentir que el proyecto le pertenece. A lo largo de toda esta sección de las Escrituras, nos encontramos con personas a quienes Nehemías ha puesto a trabajar en secciones de los muros que se encontraban cercanas a sus hogares. La gente trabaja con más dedicación cuando tiene un interés personal.

Cuando uno permite que exista esta idea de pertenencia en el proyecto, la consecuencia es una alta motivación. Si estoy edificando la parte del muro que va a proteger mi casa, voy a hacer un buen trabajo. No solo eso, sino que al trabajar cerca de la casa, no había que ir lejos. Estaba ahorrando tiempo, energía y costos al asignarles a las personas un trabajo cercano a sus casas, y al mismo tiempo, esas personas se sentían dueñas del proyecto.

Haz que el trabajo sea lo más conveniente posible. Tanto tú como tu equipo van a sacar provecho de esa forma de pensar.

«Entonces el sumo sacerdote Eliasib y sus compañeros los sacerdotes trabajaron en la reconstrucción de la puerta de las Ovejas. La repararon y la colocaron en su lugar, y reconstruyeron también la muralla desde la torre de los Cien hasta la torre de Jananel».[5]

La puerta de las Ovejas era el lugar donde se sacrificaba a estos animales para el templo, y por eso, Nehemías les asignó aquel lugar a los sacerdotes. Al permitir que cada cual trabajara cerca de su zona de interés, demostró el principio de la organización.

Las buenas organizaciones permiten que los trabajadores desarrollen sus propias áreas de trabajo.

Las buenas organizaciones permiten que los trabajadores desarrollen sus propias áreas de trabajo.

La iglesia Saddleback fue edificada sobre el ministerio de los laicos. Tenemos un dicho: Si tú tienes la idea, el don y el interés, entonces te toca a ti. Cada vez que nos es posible permitimos que la gente de nuestra iglesia se sienta dueña de sus ministerios. Esta sensación de pertenencia es un principio fundamental para la organización y el éxito en cualquier proyecto.

5. Un líder promueve la unidad

El trabajo en equipo es esencial para realizar cualquier proyecto, sea cual sea su tamaño. Como líder, haz cuanto puedas para animar a trabajar bien en equipo. A lo largo del libro de Nehemías leemos la expresión «el tramo siguiente» o «el siguiente tramo». Al trabajar como equipos bien organizados de personas que ya se conocían y que habían trabajado juntas, la gente se ayudaba y se animaba mutuamente.

Más adelante, dentro del mismo libro, descubrimos que todo el tiempo que estuvieron edificando los muros, estuvieron bajo ataque. Se necesitaban unos a otros; necesitaban colaborar entre sí, y trabajar bien juntos. Aquello era crítico, no solo para su éxito, sino también para su supervivencia.

B. C. Forbes, fundador de la revista *Forbes,* decía: «La palabra éxito se deletrea E-Q-U-I-P-O». La colaboración es un principio clave necesario para la buena organización.

Henry Ford decía: «Reunirse es un buen comienzo, mantenerse juntos es progresar, pensar juntos es tener unidad, y trabajar juntos es triunfar».

Juntos, podemos hacer cosas que no podemos hacer solos. Los gansos pueden volar un setenta y dos por ciento más lejos cuando van en formación, que cuando vuelan solos. ¿Quién crees que les enseñó a hacer eso? Dios, claro.

Donde hay colaboración y trabajo de equipo, hay un gran crecimiento. La colaboración es un motivador más grande que la competencia; lo hace sentir a uno que forma parte de un equipo ganador. Las personas influyen unas sobre otras.

«Reunirse es un buen comienzo, mantenerse juntos es progresar, pensar juntos es tener unidad, y trabajar juntos es triunfar».

«Más valen dos que uno, porque obtienen más fruto de su esfuerzo. Si caen, el uno levanta al otro. ¡Ay del que cae y no tiene quien lo levante!».[6]

Ya sea que estés en una organización, un negocio, una iglesia, un club social o un ministerio laico sigue estos principios:

- mantén las cosas sencillas,
- trabaja con los que quieran trabajar,
- asigna tareas específicas,
- permite un sentido de pertenencia y
- anima a trabajar en equipo.

Las buenas organizaciones proporcionan un clima de apoyo donde hay confianza mutua y trabajo en equipo.

La Biblia usa las palabras «uno a otro» cincuenta y ocho veces al referirse a los cristianos en la iglesia. Es como si Dios nos estuviera diciendo: «¡Capten el mensaje! ¡Ayúdense unos a otros!» No existe ningún cristiano que viva como el llanero solitario. En este mundo estamos juntos, y nos necesitamos mutuamente. Somos un equipo. Hay un poder gigantesco en la colaboración. Dios lo puede pasar por alto casi todo en una iglesia: los edificios pobres, la falta de edificios o incluso la pobreza doctrinal. Sin embargo, hay una cosa que él *no* está dispuesto a pasar por alto: la desunión.

Las buenas organizaciones proporcionan un clima de apoyo donde hay confianza mutua y trabajo en equipo.

En los diez primeros capítulos del libro de los Hechos encontramos diez veces las expresiones «todos juntos... de común acuerdo... unidos». Cuando tú tengas la unidad que la Iglesia tenía en el libro de los Hechos, tendrás también el poder que vemos en ese libro. Hay poder en el trabajo en equipo.

Alguna vez alguien dijo algo con lo cual estoy de acuerdo: «La nieve es una hermosa demostración de lo que Dios puede hacer con un montón de copos». Individualmente, cada copo de nieve es muy frágil. Sin embargo, si se reúnen los suficientes, pueden llegar a detener el tránsito. Por mi propia cuenta, tal vez yo no sea capaz de hacer mucho. Lo mismo te sucede a ti. En cambio, juntos, causamos un impacto. Juntos, podemos cambiar el mundo para Dios. Eso es trabajo en equipo.

6. Un líder administra

En todas las clases de proyectos, es necesario que se supervise el trabajo. Es interesante observar que en el libro de Nehemías no se menciona nunca el nombre del propio Nehemías. ¿Dónde estaba? Estaba en primera línea supervisando las labores. Estaba haciendo lo que Tom Peters llama «Geca» (Gerencia caminando), en su libro *Passion for Excellence*. Nehemías andaba caminando y viendo la labor de la gente, inspeccionando y supervisando continuamente el trabajo. ¿De qué otra forma iba a saber lo que estaba haciendo cada cual? ¿Cómo lo puedes saber tú?

Hay poder en el trabajo en equipo.

Además de inspeccionar las obras él mismo, Nehemías también nombró supervisores que lo ayudaran a controlar, dirigir y administrar el proyecto. He aquí dos principios que debemos comprender a partir del ejemplo de Nehemías.

Las buenas organizaciones establecen líneas de autoridad claras.

Las buenas organizaciones establecen líneas de autoridad claras. Además de unas descripciones de responsabilidades claras, también tienen unas líneas de autoridad claras. No hay confusión en cuanto a quién debe informar a quién.

La gente hace lo que uno inspecciona; no lo que uno espera. ¿Has notado lo cierto que es esto? Si tus trabajadores saben que no los estás vigilando, no van a estar trabajando.

7. Un líder agradece

Las buenas organizaciones reconocen el esfuerzo. El reconocimiento a lo que hacen los demás para lograr que sus proyectos se conviertan en realidad es tal vez el principal propósito del tercer capítulo de Nehemías. Aquí él presenta una gran lista de honor de la fe, atribuyéndoles méritos a quienes se los merecen. Casi tres mil años después, tal vez no podamos pronunciar los nombres, pero aún los recordamos.

Hay unas cuantas cosas que necesitamos observar acerca de este principio del reconocimiento.

Nehemías los conocía por sus nombres. Esa es una de las señales del buen líder. Nehemías menciona treinta y ocho nombres, y les atribuye el mérito de haber hecho un buen trabajo en el muro. ¿Sabes quiénes están realizando un buen trabajo en tu organización? Si lo sabes, ¿saben ellos que tú los aprecias por lo que hacen? ¿Se lo haces saber? El reconocimiento es un principio de buena organización.

La gente hace lo que uno inspecciona; no lo que uno espera.

Un año, estando en Israel, descendí al torrente donde David encontró las cinco piedras pulidas que le tiró a Goliat. De ese mismo torrente recogí cinco piedras pulidas y las traje conmigo de vuelta a mi casa. En Betania, le compré una pequeña honda a un niño en la calle. Cuando llegué a casa hice que me hicieran una placa con las piedras y la honda, y esta inscripción: «¿Estoy mirando a Goliat, o al Dios viviente?» Le he puesto el nombre de «Premio al Matador de Gigantes» y cada mes se lo entrego al miembro de nuestro personal que se haya enfrentado al problema más grande de ese mes. Eso no quiere decir que lo haya resuelto, sino solo que se le ha enfrentado.

Desarrolla formas de hacer que las personas sepan que estás haciendo un buen trabajo. Tal como lo hizo Nehemías:

> *«El tramo siguiente, es decir, el sector que va desde la esquina hasta la puerta de la casa del sumo sacerdote Eliasib, lo reconstruyó con entusiasmo Baruc hijo de Zabay».*[7]

Las palabras «con entusiasmo» son las únicas palabras descriptivas que hay en todo el capítulo. A otros se los reconoce por realizar su trabajo, y algunos hubo que no trabajaron en absoluto. En cambio, este hombre hizo su trabajo de una forma tal, que Nehemías tomó nota de su actitud. Trabajó con entusiasmo, y Nehemías reconoció esa actitud. Casi tres mil años más tarde, conocemos aún el nombre de este hombre. No sabemos con exactitud qué hizo... Tal vez trabajara más rápido que nadie, o más horas, o tal vez tuviera una actitud especialmente positiva. Gracias a ese entusiasmo suyo, Baruc sigue siendo hoy un ejemplo para nosotros.

Si quieres que te reconozcan en tu trabajo, hazlo con entusiasmo. Dios se da cuenta del entusiasmo. Está en la Biblia. En griego, la palabra «entusiasmo» significa «poseído por Dios». Cuando es Dios quien lo posee, se nota.

> *«Salún hijo de Halojés, que era gobernador de la otra mitad del distrito de Jerusalén, reconstruyó el siguiente tramo con la ayuda de sus hijas».[8]*

En aquellos días, las mujeres no hacían trabajos de hombre. Culturalmente, era raro que se las reconociera. Sin embargo, Nehemías las reconoció. Les atribuyó el mérito a quienes les era debido. Yo creo que el único propósito por el que Nehemías escribió el tercer capítulo, es el de demostrar aprecio y reconocimiento.

> *«Los de Tecoa reconstruyeron el siguiente tramo de la muralla, aunque sus notables no quisieron colaborar con sus dirigentes».[9]*

Es interesante el hecho de que mientras Nehemías está honrando a tantos por la labor que han hecho, ahora recuerda a estos supuestos «notables» por lo que *no* hicieron. ¡Vaya epitafio! Gracias a Nehemías son miles de millones las personas que han leído desde aquellos tiempos acerca de los esfuerzos de los que construyeron el muro, y también acerca de los que no se molestaron en levantar un solo ladrillo.

Las buenas organizaciones reconocen y recompensan los esfuerzos.

Mientras leía la lista de honor de Nehemías, pensaba en mi iglesia, la iglesia Saddleback. ¿Quiénes formarían esa lista de honor? A lo largo de los años, nuestra iglesia se ha vuelto tan inmensa, que no me es posible conocerlos a todos, y sé que son miles los que colaboran, y cuyos

Las buenas organizaciones reconocen y recompensan los esfuerzos.

nombres y rostros es posible que yo nunca llegue a conocer en esta tierra. ¿Qué decir de esas personas? Son muchas las iglesias que funcionan a partir del principio del 80/20: El veinte por ciento de la gente hace el ochenta por ciento de la labor. Esto es cierto en el sentido físico, y también en el económico, y lo es en la mayoría de las iglesias. No debería ser así, porque eso significa que todos los demás están obteniendo algo que no se han ganado.

En cambio, Nehemías no se enojó por aquellas personas. El hecho de que no participaran no le molestó. Prefirió centrarse en los que sí estaban trabajando, y olvidarse de los que no querían trabajar. «No tengo el deber», dijo, «de dejarme molestar por el hecho de que haya mucha gente que nunca va a hacer nada por servir. Tal vez vengan durante semanas, meses o años, y nunca participarán en nada. Dios lo sabe, y un día, es él quien recompensará».

> *«Así que cada uno de nosotros tendrá que dar cuentas de sí a Dios».*[10]

La Biblia dice que Nehemías tenía una lista. ¿Y tú? ¿Te encuentras en la lista de Dios? Un día, cuando comparezcas ante él, va a mirar su lista y sabrá si tú participaste en su obra o no.

La Biblia dice que un día yo le voy a rendir cuentas de mi vida a Dios, con respecto a la forma en que lo serví. Tú también.

> *«Y si con lo ajeno no han sido honrados, ¿quién les dará a ustedes lo que les pertenece?».*[11]

¡Dios te va a pedir cuentas de lo que hiciste con lo que te dio! Él está haciendo una lista de la misma forma que Nehemías tenía su lista de reconocimientos. Dios está manteniendo un historial de mi servicio y de mi mayordomía… y de los tuyos también. En realidad, no importa lo que piensen los demás. Ni siquiera importa quién sepa las cosas. Lo que importa es que Dios sí las sabe.

¿Qué va a decir Dios acerca de mí y de mi servicio? ¿Dirá «bien hecho, siervo bueno y fiel», o dirá: «¿Por qué no hiciste más? ¿Cuál es tu excusa?».

¿Qué va a decir Dios acerca de ti? Si este fuera tu último momento en la tierra, ¿qué diría Dios acerca de la forma en que lo has servido?

> *«Por lo tanto, mis queridos hermanos, manténganse firmes e inconmovibles, progresando siempre en la obra del Señor, conscientes de que su trabajo en el Señor no es en vano».[12]*

Dios no le ha pedido a ninguno de nosotros que vaya a construir un muro. Sin embargo, sí nos ha pedido a todos que nos involucremos en el ministerio. Ser cristiano significa ser llamado al ministerio.

No todos vamos a ser pastores, ni vamos a renunciar a nuestro trabajo para dedicarnos por completo a la obra del ministerio. Sin embargo, todos los cristianos *sí* hemos sido llamados a servir; a ministrarles a los demás. El cristiano que no sirve, no sirve y es una contradicción. Dios espera de nosotros que nos involucremos en el servicio a los demás.

> *El cristiano que no sirve, no sirve y es una contradicción.*

> *«Pues así como cada uno de nosotros tiene un solo cuerpo con muchos miembros, y no todos estos miembros desempeñan la misma función, también nosotros, siendo muchos, formamos un solo cuerpo en Cristo, y cada miembro está unido a todos los demás. Tenemos dones diferentes, según la gracia que se nos ha dado. Si el don de alguien es el de profecía, que lo use en proporción con su fe; si es el de prestar un servicio, que lo preste; si es el de enseñar, que enseñe; si es el de animar a otros, que los anime; si es el de socorrer a los necesitados, que dé con generosidad; si es el de dirigir, que dirija con esmero; si es el de mostrar compasión, que lo haga con alegría».[13]*

Pregúntate: ¿Cuál es mi función dentro del cuerpo de Cristo? ¿Cuál es mi lugar dentro de la iglesia? ¿Qué parte del muro estoy levantando?

Dios le ha dado a cada uno de nosotros distintos dones con diversos propósitos. Sin embargo, no permitas que esos dones se interpongan en el camino del ministerio práctico. No uses como excusa el «ese no es mi don». Sí, tú debes trabajar en el aspecto que te interesa. Sí, debes trabajar en aquello para lo cual has recibido dones espirituales. Debes utilizar tus dones en el aspecto más primordial del servicio que realizas.

Sin embargo, Dios también te llama a trabajar más allá de lo que abarcan tus dones espirituales. De todos aquellos que están en las listas de Nehemías, no hay ninguno que sea constructor profesional de muros. Ninguno de ellos tenía el «don» de poner ladrillos y hacer mezcla. Había farmacéuticos, joyeros y orfebres. Eran personas que trabajaban con sus manos, pero cuando se necesitaron esas manos para levantar un muro, no tuvieron temor de llenarse las manos de callos.

En una ocasión conversé con Peter Drucker, el consultor de negocios más destacado del mundo.

«Tengo una iglesia llena de gerentes», le dije. «Todos son oficinistas y ejecutivos. No les puedo pedir que vayan a preparar los asientos todas las semanas».

«¿Por qué no?», me respondió. «Les hace falta. Cualquier ejecutivo que no esté dispuesto a preparar asientos, no vale para nada».

Todos necesitamos desarrollar un corazón de siervo, en lugar de ser como aquellos notables que decían: «¡Eso sería rebajarme!» Si no fuera por otro motivo, piensa en lo que la gente podría leer y aprender de ti dentro de 3,000 años.

Nehemías menciona tres clases de personas: Estaban los que no trabajaron, los que trabajaron algo y uno que hizo su trabajo con entusiasmo. Dios se da cuenta de las tres actitudes. Él supo quiénes no hicieron absolutamente nada, quiénes hicieron lo que les correspondía, y también notó al que fue más allá de lo que le correspondía por deber, y trabajó con entusiasmo.

¿Qué tal tu participación en la obra de Dios? ¿Qué está observando él con respecto a ti?

Kenneth Strachan, misionero en América del Sur, hizo esta afirmación que es conocida como «el teorema de Strachan»: «La expansión de cualquier movimiento se encuentra en proporción directa a su éxito en cuanto a movilizar a todos sus miembros en la propagación continua de sus creencias».

Todo cuanto podamos decir acerca del crecimiento de nuestras empresas, lo podremos decir porque hubo personas que se interesaron lo suficiente para participar en ellas. Si la iglesia Saddleback no me hubiera sobrepasado, lo cual hizo hace ya muchos años, aún tendríamos entre cincuenta y sesenta personas. Pero en Saddleback hay centenares de personas que tienen un gran corazón. Y en tu organización también hay muchos corazones grandes también.

A Dios le interesa lo que estás haciendo. Aunque nadie más lo note, Dios sí lo ve, y lo recuerda. Lo está escribiendo todo, y un día en el cielo te va a enseñar esa lista. Las Escrituras dicen que no damos un vaso de agua fresca en el nombre de Jesús, sin que nuestra obra quede registrada. Lo que tú hagas en el nombre de Jesús, te será recompensado en la eternidad.

> *A Dios le interesa lo que estás haciendo.*

Este asombroso principio es ilustración de la verdad que se afirma en la Palabra de Dios de que *«toda la Escritura es inspirada por Dios y útil para enseñar, para reprender, para corregir y para instruir en la justicia, a fin de que el siervo de Dios esté enteramente capacitado para toda buena obra».*[14] Hasta en un pasaje que no es más que una lista de treinta y ocho personas y lo que hicieron en un muro hace tres mil años, podemos ver que estos principios de organización son para todos los tiempos.

Quizá te encuentres en un puesto de liderazgo o de administración en algún lugar, y puedes ver de inmediato la forma de aplicar a tu organización estos siete principios. Sin embargo, para la mayoría de nosotros, me parece que el mensaje es que Dios ve

> *Dios ve todo lo que se hace en su nombre, y le interesa lo suficiente para tomar nota de lo que ve.*

todo lo que se hace en su nombre, y le interesa lo suficiente para tomar nota de lo que ve.

Considero que un cristiano que no sirve, no sirve. No comprendo cómo una persona se puede dar cuenta de lo que Jesucristo ha hecho por nosotros, de la grandeza de su sacrificio por nosotros, y no querer devolverle nunca nada. Creo que Dios te está hablando. Quizá puedas oírle decir: «Necesitas hallar un lugar donde servir».

Hay un buen número de cosas que estamos haciendo ahora mismo, que no van a significar nada dentro de diez años, pero en este momento sí. Te invito a unirte a la mayor de las causas del mundo: el reino de Dios. Tú no puedes hacer con tu vida nada más importante que llevar a otros a Cristo; ayudarlos a crecer en el Señor y convertirse en miembros de su familia. Las Escrituras dicen que así como cada uno de nosotros tiene un cuerpo con muchos miembros, y esos miembros no tienen todos la misma función, también en Cristo, nosotros, que somos muchos, formamos un solo cuerpo, y cada uno de los miembros les pertenece a todos los demás. Tenemos dones distintos y los debemos utilizar.

Leyendo esto, querrás decir: «Señor, me doy cuenta de que me estás hablando a mí. Ya no voy a buscar más excusas, como aquellos notables tan perezosos. Quiero hallar un lugar donde devolverte parte de mi vida en servicio y ministerio. Quiero que mi vida cuente para algo. Quiero tener un impacto significativo. Un día, cuando comparezca ante ti para rendirte cuentas, más que ninguna otra cosa, quiero oír esas palabras: «Bien hecho, siervo bueno y fiel». Porque entonces sabré que todo habrá valido la pena. Gracias por tu Palabra».

Padre, me siento muy agradecido por los que están leyendo este libro; por los que han tomado la decisión de aprender acerca de la eficacia del liderazgo. Ninguno de ellos tiene la obligación de estar haciendo esto. Que lo estén haciendo significa que se preocupan por el crecimiento espiritual y por las cuestiones del espíritu. Todos necesitamos acercarnos más a ti y estar más profundamente consagrados a ti. Todos necesitamos un lugar donde servir, dar, compartir y donde invertir nuestra vida para la eternidad. Te pido que uses estos principios para motivarnos a la acción. Te lo pido en el nombre de Jesús. Amén.

---

[a] Thomas J. Peters, *Passion for Excellence,* Warner Books, 1986.

Guía para la aplicación de principio
del capítulo 5

¿Cómo organiza el líder un proyecto?

Aplicando los propósitos de Dios

¿Qué te dice Dios a través de esta lección sobre tus aptitudes organizativas?

Comunión — El éxito en cualquier organización depende del trabajo comprometido de sus miembros. Lamentablemente es un hecho que en la mayoría de las organizaciones el 20% de la gente realiza el 80% del trabajo.

- ¿Cómo habría Nehemías enfrentado este asunto?
- ¿Cómo puedes ser más como Nehemías en tu rol de liderazgo?
- Piensa en cómo enfocarte en las personas que hacen el trabajo, más que en las que no lo hacen, y en cómo premiar a esos buenos trabajadores. Si todavía no tienes un programa de reconocimiento en tu organización, crea uno y comienza a aplicarlo. Si lo tienes, asegúrate de que aquellos trabajadores sepan que tú personalmente aprecias su trabajo.

Discipulado — Como líder, eres el responsable del crecimiento de aquellos en tu organización. Esto significa que debes estar creciendo como un discípulo de Cristo. Piensa en Jesús como el Nehemías de tu vida.

- ¿Cómo Él aplica estos 7 principios en tu crecimiento?
- ¿Eres un participante entusiasta?
- ¿Cómo el aplicar estos 7 principios te ayudan a crecer como líder?
- Escoge por lo menos uno de ellos para trabajar esta semana y mira lo que Dios hace.

Ministerio — La gente florece cuando sirve en áreas que pueden hacer suyas.

- ¿Qué puedes hacer para ayudar a los miembros de tu grupo a identificar los roles que Dios ha moldeado para ellos?
- ¿Qué más puedes hacer para ayudarles a desarrollarse en esos roles?
- Mantente informado de las clases que se ofrecen, alienta oportunidades educativas o se tutor personal de los miembros de tu grupo.

Evangelismo — Alcanzar el mundo para Cristo se parece mucho a la reconstrucción de murallas. El evangelismo como el trabajo se hace mejor cerca de casa.

- ¿Cómo puedes reconstruir relaciones en tu propia vida que puedan impactar otras para Cristo?
- ¿Cómo una buena organización puede ayudarte a encontrar tus objetivos evangelísticos?
- ¿Cerca de ti, con quién podrías reconstruir una muralla relacional en la actualidad?

Adoración — Cuando pasamos tiempo con Dios, no podemos evitar reflejarlo a Él con los demás. En tu tiempo de oración esta semana, pídele a Dios que te ayude a desarrollar Su personalidad de liderazgo. Haz las siguientes preguntas:

- ¿Cómo puedes reflejar más a Dios ante quienes te rodean?
- ¿Por qué Dios quiere que hagas eso?
- ¿En dónde quiere usarte Dios como sus manos y sus pies ahora?
- ¿Cuándo debes actuar sobre lo que Dios te está revelando?
- Escoge una de las 7 características de liderazgo y enfócate en ella.

PUNTOS DE REFLEXIÓN:

Organizar un proyecto implica reconocer a aquellos que están trabajando en él. Eso significa que Dios reconoce nuestro trabajo también. He aquí otros versículos a considerar antes del próximo capítulo. Pídele a Dios que te revele cuál debe ser tu respuesta como líder ante estos versículos.

Así que cada uno de nosotros tendrá que dar cuentas de sí a Dios.
ROMANOS 14:12

Por lo tanto, mis queridos hermanos, manténganse firmes e inconmovibles, progresando siempre en la obra del Señor, conscientes de que su trabajo en el Señor no es en vano.
1 CORINTIOS 15:58

Pues así como cada uno de nosotros tiene un solo cuerpo con muchos miembros, y no todos estos miembros desempeñan la misma función, ⁵también nosotros, siendo muchos, formamos un solo cuerpo en Cristo, y cada miembro está unido a todos los demás. ⁶Tenemos dones diferentes, según la gracia que se nos ha dado. Si el don de alguien es el de la profecía, que lo use en proporción con su fe; ⁷si es el de prestar un servicio , que lo preste; si es el de enseñar que enseñe; ⁸si es el de animar a otros, que los anime; si es el de socorrer a los necesitados, que dé con generosidad; si es el de dirigir, que dirija con esmero; si es el de mostrar compasión, que lo haga con alegría. ROMANOS 12:4-8

Nehemías establece tres clases de trabajo: 1) ningún trabajo; 2) algún trabajo; y, 3) trabajo entusiasta. ¿Cuál te describe mejor a ti?

6

CÓMO SE ENFRENTA
UN LÍDER A LOS QUE
SE LE OPONEN

¿Cómo te enfrentas a los que se te oponen? ¿Sientes pánico cuando te presionan? ¿Te pones tenso, pierdes los estribos, te sientes desalentado o te das por vencido? ¿Qué haces? La descripción de responsabilidades de un líder incluye hacerle frente a los ataques. El cuarto capítulo de Nehemías se refiere a la estrategia de batalla: las tácticas de los oponentes, los efectos de esa oposición, y la respuesta correcta del líder.

1. Un líder hace frente a la oposición

- ### Las tácticas de los oponentes

«Cuando Sambalat se enteró de que estábamos reconstruyendo la muralla, se disgustó muchísimo y se burló

de los judíos. Ante sus compañeros y el ejército de Samaria dijo:

¿Qué están haciendo estos miserables judíos? ¿Creen que se les va a dejar que reconstruyan y que vuelvan a ofrecer sacrificios? ¿Piensan acaso terminar en un solo día? ¿Cómo creen que de esas piedras quemadas, de esos escombros, van a hacer algo nuevo?

Y Tobías el amonita, que estaba junto a él, añadió: ¡Hasta una zorra, si se sube a ese montón de piedras, lo echa abajo!».[1]

El ridículo es la primera táctica que suelen escoger nuestros enemigos, como lo ilustra este pasaje. Después de tantos años, es una estrategia que todavía funciona hoy. Muchos de los libros que hallarás en los estantes relacionados con los negocios hoy, hablan de la guerra psicológica en la oficina. Si tú eres cristiano, aumenta el fragor de la batalla. El mundo no creyente ridiculiza continuamente a la Iglesia. La gente nos denigra, discute con nosotros, se burla de nosotros, nos caracteriza como débiles, ignorantes y fanáticos, o dicen que todos los pastores son débiles y cobardes, o estafadores. El ridículo es constante, y es eficaz porque ataca a nuestra autoestima. Lo podemos soportar casi todo, menos el ridículo.

El ridículo es siempre el sustituto del razonamiento, como vemos en el ataque de Sambalat. La risa es siempre el sustituto de la lógica. Cuando alguien te ridiculiza es probable que estén sintiendo miedo de que tengas razón. Tienen miedo de que triunfes. Sambalat recurrió al insulto: *«esos miserables judíos»*. Con esto estaba insinuando que la motivación de ellos era egoísta, y burlándose de sus creencias. Estaba exagerando su acusación. Estas son las herramientas típicas del ridículo. *«¿Piensan acaso terminar en un solo día?»*, preguntó. Sin embargo, nadie había dicho tal cosa. Nadie había dicho que el muro sería reconstruido en un día. La exageración de las acusaciones es una táctica típica del ridículo. Primero crean una imagen falsa de lo que sucede, y después tratan de tirarla al suelo.

Más aun, el ridículo es algo contagioso. Una vez que Sambalat lanza sus ataques verbales, su compinche Tobías lanza el suyo. Cada vez que alguien comienza a ridiculizar, siempre hay quienes lo sigan. Son los cobardes que nunca habrían dicho una palabra por su propia cuenta.

> *«Continuamos con la reconstrucción y levantamos la muralla hasta media altura, pues el pueblo trabajó con entusiasmo. Pero cuando Sambalat y Tobías, y los árabes, los amonitas y los asdodeos se enteraron de que avanzaba la reconstrucción de la muralla y de que ya estábamos cerrando las brechas, se enojaron muchísimo y acordaron atacar a Jerusalén y provocar disturbios en ella».*[2]

Los enemigos traman una resistencia, y ahora, en lugar de un puñado de críticos, lo que tenemos es ya una conspiración. Sambalat ha agitado a los descontentos para que se resistan al proyecto de construcción de los muros que ha lanzado Nehemías. Con Sambalat y los samaritanos al norte, los árabes al sur, Tobías con los amonitas al este y los hombres de Asdod al oeste, los judíos se encuentran rodeados. Dondequiera que miran, ven gente conspirando contra ellos. ¿Has notado alguna vez cómo la gente negativa tiende a juntarse? Hay algunos cuyo único propósito en la vida parece ser oponerse a los demás.

> *«Y nuestros enemigos maquinaban: "Les caeremos por sorpresa y los mataremos; así haremos que la obra se suspenda."*
> *Algunos de los judíos que vivían cerca de ellos venían constantemente y nos advertían: "Los van a atacar por todos lados"».*[3]

La forma más rápida de esparcir un rumor es alimentarse en los miedos que tiene la gente. «Los vamos a atacar desde todas partes. Los vamos a atacar, y no van a saber siquiera qué fue lo que los golpeó», decían. Lo cierto es que no tenían esa clase de poder. Pero el rumor de un ataque bastó para incitar al pánico. Cuando uno comprende que sus enemigos van a usar rumores para atacarlo, puede estar preparado para resistir su violencia.

Los rumores se caracterizan por dos cosas:

1) Siempre los esparcen los que están más cerca del enemigo: (*«Los judíos que vivían cerca de ellos».* Nehemías 4:12 -NVI-) Los judíos que vivían fuera de la ciudad y cerca del enemigo eran los más negativos.

¿Has estado rodeado alguna vez por gente negativa? Cuando lo estamos, también nosotros nos vamos volviendo negativos. Es como un virus que nos infecta. Si el enemigo puede meter alguien dentro del campamento para que diga: «Eso no se puede hacer», habrá logrado una gran victoria. Él lo sabe, así que se dedica a infiltrarse en nuestras filas.

2) Los rumores se van exagerando a medida que se repiten. (*«Venían constantemente y nos advertían»* Nehemías 4:12 –NVI). Cuando se exagera diez veces un rumor, la gente lo comienza a creer. Creo que fue Hitler el que descubrió que si uno repite una mentira durante suficiente tiempo, la gente comienza a creerla. La cuestión es esta: el punto de vista negativo siempre es exagerado en los proyectos.

Los líderes no se tragan los rumores.

Tal vez los escuchen, e incluso lleguen a rumiarlos durante un tiempo… pero nunca se los tragan. Ellos comprenden que los rumores siempre son exageraciones de la verdad.

- **El efecto de la hostilidad**

> *«Por su parte, la gente de Judá decía: "Los cargadores desfallecen, pues son muchos los escombros; ¡no vamos a poder reconstruir esta muralla!" Y nuestros enemigos maquinaban: "Les caeremos por sorpresa y los mataremos; así haremos que la obra se suspenda"».*[4]

Cuando uno está trabajando fuerte y descubre que lo están bombardeando con el ridículo, los rumores y la resistencia, lo natural es que comiences a sentirte desanimado. El desaliento es ambos: la intención y la consecuencia de la oposición.

> *Los líderes no se tragan los rumores.*

«*Continuamos con la reconstrucción y levantamos la muralla hasta media altura*».[5]

¿Cuándo te parece que es más probable que aparezca el desánimo? ¿Tienes en tu casa algún proyecto a medio terminar? Por lo general, el desaliento aparece cuando vamos por la mitad del proyecto.

El desaliento tiene cuatro causas principales:

1. La fatiga: «*Los cargadores desfallecen*». Un cuerpo cansado puede causar un espíritu agotado y desalentado. Descansa cuando puedas, para evadir este paralizador de proyectos.

2. La frustración: «*Son muchos los escombros*». Cuando estás trabajando en un proyecto tan gigantesco como el de Nehemías, por lo general la frustración es un asunto de percepción. En realidad, los montones de escombros van disminuyendo, pero si seguimos viendo escombros esto es abrumador. Si nos limitamos a seguir adelante, podremos vencer.

3. El fracaso: «*No vamos a poder reconstruir esta muralla*». Cuando estás agotado, todo te parece imposible. Vince Lombardi dijo: «La fatiga nos convierte a todos en cobardes».

4. El temor: «*Nuestros enemigos maquinaban: ‹Les caeremos por sorpresa y los mataremos›*». Una de las tácticas principales del enemigo consiste en inducir al miedo.

Los enemigos siempre tienen dos metas: Estorbar a la Palabra de Dios y detener la obra de Dios.

Los enemigos siempre tienen dos metas: Estorbar a la Palabra de Dios y detener la obra de Dios.

- **¿Cuál es la respuesta correcta a nuestros oponentes?**

Cuando te estén atacando, ¿qué debes hacer? ¿Hay alguna manera de oponerte a cualquier agresión que sea aceptable para Dios? He aquí algunas sugerencias, procedentes de Nehemías.

Los líderes dependen de Dios

- **Confía en Dios**

«¡Escucha, Dios nuestro, cómo se burlan de nosotros! Haz que sus ofensas recaigan sobre ellos mismos: entrégalos a sus enemigos; ¡que los lleven en cautiverio! No pases por alto su maldad ni olvides sus pecados, porque insultan a los que reconstruyen».[6]

Nehemías oró. Qué manera más fabulosa de aliviar la tensión. Cuando te estén ridiculizando, no lo niegues; confiésalo. Apóyate en Dios. Admítelo todo delante de él. «Dios mío, estamos confiados en que tú nos vas a defender», le dijo Nehemías. En lugar de enredarse en una competencia de insultos, lo que hizo fue ir a buscar apoyo en Dios.

«No respondas al necio según su necedad, o tú mismo pasarás por necio».[7]

Si alguien te está ridiculizando, no le contestes. Si lo haces, no vas a ser mejor que aquel que se está burlando de ti. Apóyate en Dios y ora.

Mientras mayor sea la hostilidad, más necesitarás confiar en Dios. La oración es tu gran aliada cuando te están atacando.

Cuando te ridiculicen, no te enfrentes a la gente; convérsalo con Dios.

Nehemías hizo caso omiso del ridículo y siguió adelante hacia su meta. Esa es la mejor respuesta. Ora y sigue haciendo lo que debes estar haciendo. El ridículo nunca podrá detener lo que estés haciendo, a menos que tú se lo permitas.

> *Cuando te ridiculicen, no te enfrentes a la gente; convérsalo con Dios.*

Cada vez que te ataquen, lo primero que debes hacer es llevarle a Dios la situación. Ora.

Algunas veces basta con ignorar la hostilidad, otras, no. Hay ocasiones en que las críticas se intensifican, hagamos lo que hagamos. Cuando Sambalat y sus compinches descubrieron que no les estaban prestando atención a sus burlas, conspiraron para combatir contra Jerusalén. Cuando te suceda algo así, llévaselo a Dios. Deja que sea él quien te dé la fortaleza necesaria para terminar lo que has comenzado.

2. Los líderes respetan a sus oponentes

• No subestimes a tus oponentes

> *«Oramos entonces a nuestro Dios y decidimos montar guardia día y noche para defendernos de ellos».*[8]

Necesitamos reconocer y respetar la fuerza de nuestros enemigos. Nehemías dice que oraron («oramos entonces a nuestro Dios») y actuaron («decidimos montar guardia día y noche para defendernos»). Está muy bien que le pidamos a Dios que nos proteja; decir por la noche en nuestro lecho: «Protégeme de los ladrones». Sin embargo, también es necesario que nos levantemos y cerremos la puerta. Oliver Cromwell decía: «Confía en Dios y mantén seca la pólvora».

> *Una petición sin precaución es una presunción.*

Una petición sin precaución es una presunción.

Cuando te estén hostigando, necesitas apoyarte en Dios, y también necesitas respetar a los que se te oponen. Mientras mayor sea la oposición, más fuerte será la respuesta que se necesitará.

Hasta aquel momento, era solo Nehemías el que había orado. Ahora, gracias a su ejemplo, todos estaban orando. Estaban observando a su líder. Guiamos más con el ejemplo, que por medio de nuestras palabras, por altos y elevados que nos encontremos. Nehemías había estado orando constantemente hasta este momento. El pueblo, que lo había visto orar, y había visto algo de la fidelidad de Dios, ahora comenzó también a orar.

Si eres líder en tu negocio y quieres que otros te sigan, comienza a orar. La hostilidad corporativa exige una respuesta también corporativa. Gracias al ejemplo de Nehemías, todo el pueblo de Dios había comenzado a orar.

Entonces, pusieron guardia. Nehemías conocía a sus enemigos, así que puso una vigilancia de veinticuatro horas y estableció un sistema de seguridad. Tal vez tú hayas oído decir: «¡Guerra avisada no mata gente!». Es cierto. A lo largo de toda la historia, los líderes han tenido que pagar un gran precio cada vez que han subestimado a sus enemigos. Ora, pero haz algo más que orar. Mantente vigilante. Conoce a tus enemigos y no permanezcas ignorante de lo que está sucediendo.

En la Biblia se usa una y otra vez la expresión *«Estén alerta y oren»*. Jesús la dijo. Pablo la dijo. Juan la dijo. Pedro la dijo. «Estar alerta» es la parte humana: ponerse en guardia. «Orar» es la parte divina: confiar en Dios. Estamos alerta cuando cerramos nuestra puerta; oramos cuando le decimos a Dios que confiamos en él. Haz ambas cosas.

3. Los líderes refuerzan sus puntos débiles

- **Refuerza tus puntos débiles**

> *«Así que puse a la gente por familias, con sus espadas, arcos y lanzas, detrás de las murallas, en los lugares más vulnerables y desguarnecidos».*[9]

Después de orar y echar a andar su sistema de alarma, Nehemías reforzó los lugares más vulnerables; aquellos lugares donde había una muralla más baja. Los lugares donde estaba más alta no necesitaban tanta vigilancia, pero aquellos puntos bajos necesitaban una ayuda especial.

> *Los buenos líderes saben en cuáles puntos son vulnerables, y refuerzan esos lugares.*

¿Sabes dónde se hallan tus puntos vulnerables en tu negocio? ¿Y en tu familia? ¿Dónde estás más expuesto a los ataques? Este es el principio que Nehemías nos está enseñando.

Los buenos líderes saben en cuáles puntos son vulnerables, y refuerzan esos lugares.

Cuando estés haciendo una presentación, de cualquier forma que sea, conoce tus debilidades; prevé las objeciones. Prepárate para lo que te puedan arrojar. Espéralo, porque lo más probable es que suceda. Pero si estás preparado, podrás evitar un desastre.

> *«A partir de aquel día la mitad de mi gente trabajaba en la obra, mientras la otra mitad permanecía armada con lanzas, escudos, arcos y corazas. Los jefes estaban pendientes de toda la gente de Judá. Tanto los que reconstruían la muralla como los que acarreaban los materiales, no descuidaban ni la obra ni la defensa. Todos los que trabajaban en la reconstrucción llevaban la espada a la cintura. A mi lado estaba el encargado de dar el toque de alarma. Yo les había dicho a los nobles y gobernantes, y al resto del pueblo: "La tarea es grande y extensa, y nosotros estamos muy esparcidos en la muralla, distantes los unos de los otros. Por eso, al oír el toque de alarma, cerremos filas. ¡Nuestro Dios peleará por nosotros!"».[10]*

Nehemías y los habitantes de Jerusalén trabajaban día y noche sin parar. Pero no tenían ejército. Todos eran trabajadores neófitos que habían unidos sus fuerzas para levantar la muralla. No podían ni pensar siquiera en fortificar la ciudad. Así que Nehemías dijo: «Dondequiera que oigan un toque de trompeta, corran todos hacia allí. Entonces sabremos que el enemigo está allí, y lo combatiremos todos juntos». Mantenga abiertas sus líneas de comunicación en los tiempos en que esté sufriendo ataques u hostilidades.

Los líderes tienen que edificar y presentar batalla al mismo tiempo.

Nehemías convirtió a la ciudad entera en un campamento armado, y todos empezaron a hacer dos cosas: trabajar y cargar un arma.

Cada vez que comenzamos a levantar algo para Dios, estamos buscando batalla. Tanto si se trata de levantar tu matrimonio, una iglesia o tu propia vida espiritual, estarás buscando pelea. Satanás va en contra de todo aquello que Dios favorece. Y usa a la gente para que se nos oponga.

Los líderes tienen que edificar y presentar batalla al mismo tiempo.

Si estás haciendo algo que tenga importancia en este mundo, alguien habrá que se te oponga.

Nehemías tenía tres alternativas ante los rumores, la resistencia y el ridículo. Podía:

a. Abandonarlo todo
b. Dejar de levantar los muros e irse a pelear.
c. Edificar los muros y armarse para la defensa.

Él sabía que las dos primeras opciones no iban a funcionar. Los líderes tienen que edificar y presentar batalla al mismo tiempo. No estaba dispuesto a renunciar a lo que estaba haciendo, y era más listo como para dejar todo e irse a pelear. Si nos pasáramos todo el tiempo apagando fuegos, nunca terminaríamos nuestro trabajo. Para que tu proyecto triunfe, necesitas aprender a edificar y presentar batalla al mismo tiempo.

«Así que puse a la gente por familias, con sus espadas, arcos y lanzas, detrás de las murallas, en los lugares más vulnerables y desguarnecidos».[11]

¿Por qué cree que Nehemías fue situando al pueblo por pequeños grupos familiares? Cuando nos están atacando, necesitamos apoyo más que en ningún otro momento. Ese es uno de los beneficios de los grupos pequeños. Cuando estamos en un grupo pequeño, a diferencia de cuando jugamos al llanero solitario, somos menos vulnerables a los ataques de Satanás. Dios nunca quiso que anduviéramos solos, por invencibles que nos creamos. En los grupos pequeños hay apoyo y aliento.

¿Por qué lo hizo por familias? Nehemías comprendía que si una persona estaba trabajando en el muro y se sentía preocupada por su familia, que estaba al otro extremo

> *Cuando estamos en un grupo pequeño, a diferencia de cuando jugamos al llanero solitario, somos menos vulnerables a los ataques de Satanás.*

de la ciudad, iba a estar en un temor constante. «¿Y si el enemigo está atacando por allá?», estaría pensando ese trabajador. «Podrían estar acabando con mi familia». Por eso, puso en el muro a los trabajadores por grupos familiares. Conocía la fuerza que tienen los lazos de familia; sabía que la gente hace cuanto sea necesario para proteger a los suyos.

Nunca pelees solo.

Cada vez que te tengas que enfrentar a la oposición, busca apoyo. Esa es una de las razones por las que existe la Iglesia. Cada fin de semana predico en mi iglesia sabiendo que los lunes por la mañana todos van a regresar a sus trabajos y la vida los volverá a golpear de nuevo. Este mundo es duro, y para los cristianos puede volverse más duro aun. Al final de cada semana, la gente entra vendada y sangrando para que la curen y la envíen de vuelta a la batalla. *Necesitamos* apoyo. El mundo de los negocios es duro. Es difícil ser cristiano en una escuela. Es difícil tener actitudes cristianas en una sociedad en la cual todo lo que nos rodea nos dice: «¡No! No vivas para Cristo; vive para ti mismo».

4. Los líderes reafirman a su gente

• **Reafirma a tu gente**

> *«Luego de examinar la situación, me levanté y dije a los nobles y gobernantes, y al resto del pueblo: "¡No les tengan miedo! Acuérdense del Señor, que es grande y temible, y peleen por sus hermanos, por sus hijos e hijas, y por sus esposas y sus hogares"».*[12]

Nehemías reunió a los suyos. Alivió sus temores, reforzó su confianza y les levantó la moral. Esa es la tarea del líder. Cuando tu negocio, tu familia o tu iglesia estén bajo ataque, tu tarea como líder consiste en darle nuevas fuerzas a tu gente. ¡Levántalos! Anímalos a mantenerse en la lucha. Diles que Dios está de su lado. ¡No tengas miedo!

«Acuérdense del Señor», les dijo Nehemías. De allí es de donde viene nuestra seguridad. ¡Acuérdate del Señor!

Es interesante observar que son muchas las guerras que se han peleado con lemas que comenzaban con la palabra «Acuérdense...». La guerra entre Estados Unidos y España tuvo el lema de «Acuérdense del Maine». En la Primera Guerra Mundial, el lema era «Acuérdense del Lusitania». Los tejanos siguen diciendo aún hoy: «Acuérdense del Álamo». Y en la Segunda Guerra Mundial se decía: «Acuérdense de Pearl Harbor». Todos estos gritos de batalla se basaban en alguna gran derrota digna de recordar.

Es bueno que recordemos las lecciones del pasado, pero Nehemías enfocó las cosas de la manera contraria. No dijo: «Acuérdense de nuestra derrota. Acuérdense de nuestro exilio en Babilonia». Lo que dijo fue: «¡Acuérdense del Señor!» Su mensaje fue: «Miremos al futuro. ¡Dios es nuestra esperanza! Quitemos los ojos de nuestros enemigos para ponerlos en el Señor, nuestro vencedor».

Cuando estés sufriendo un ataque, la meta del diablo es que tu atención esté puesta en la oposición. Si lo logra, habrá ganado una gran victoria. Pero puedes escoger:

Te puedes enfocar en la oposición, o te puedes enfocar en Dios. Te puedes enfocar en tus estados financieros, o puedes enfocarte en el Señor. Puedes enfocarte en los intereses altos o puedes enfocarte en Dios. Puedes enfocarte en una economía de altibajos, o puedes enfocarte en el Señor. ¿En qué te enfocarás?

«Acuérdense del Señor».

Recuerde cómo es Dios. Él es grande; es maravilloso. Cuando uno teme a Dios —cuando le tiene reverencia y respeto, y reconoce su poder— no le teme a nadie más.

El temor de Dios reemplaza el temor al hombre.

> *«A ustedes, mis amigos, les digo que no teman a los que matan el cuerpo pero después no pueden hacer más. Les voy a enseñar más bien a quién deben temer: teman al que, después de dar muerte, tiene poder para echarlos al infierno. Sí, les aseguro que a él deben temerle».*[13]

Si mantienes un saludable respeto por Dios; si lo reverencias y te das cuenta de lo poderoso que Él es, no tendrás el problema de estar temiendo a otras personas.

Entonces, Nehemías los exhortó: «Peleen por sus hermanos, por sus hijos e hijas, por sus esposas y hogares». Los exhortó a pelear por su vida. Necesitaba que se dieran cuenta de que se estaban jugando el todo por el todo.

El temor de Dios reemplaza el temor al hombre.

> *«Yo les había dicho a los nobles y gobernantes, y al resto del pueblo: "La tarea es grande y extensa, y nosotros estamos muy esparcidos en la muralla, distantes los unos de los otros. Por eso, al oír el toque de alarma, cerremos filas. ¡Nuestro Dios peleará por nosotros!"».[14]*

Él sabía que el pueblo respondería ante algo tan palpable. Así que el toque de la trompeta era su señal de reunión... una señal destinada a hacer que se sintieran seguros.

5. Los líderes se niegan a abandonar su labor

- **Niégate a abandonar tu labor**

> *«Siga adelante. No hay nada que pueda sustituir a la perseverancia. El talento no la sustituye, no hay nada más corriente que los hombres con talento que fracasan. El genio no la sustituye, el genio mal recompensado es casi proverbial. Los estudios tampoco la sustituyen el mundo está repleto de incompetentes con estudios. Solo la perseverancia y la firmeza constituyen el poder que lo vence todo».*
>
> CALVIN COOLIDGE,
> presidente de los Estados Unidos de 1923 a 1929

> *«Una vez que nuestros enemigos se dieron cuenta de que conocíamos sus intenciones y de que Dios había frustrado sus planes, todos regresamos a la muralla, cada uno a su trabajo».[15]*

Las hostilidades existen. Dondequiera hay críticos dedicados a ridiculizar y a esparcir rumores. Necesitamos reconocer esta realidad y seguir adelante, tal como lo hicieron Nehemías y los israelitas. Niégate a ser distraído. Hay un dicho que es muy viejo y muy cierto: Cuando caminar es duro, los duros caminan.

«Y acordaron atacar a Jerusalén y provocar disturbios en ella».[16]

Esa es la primera meta de los enemigos: Provocar disturbios. Esta es la segunda:

«Y nuestros enemigos maquinaban: "Les caeremos por sorpresa y los mataremos; así haremos que la obra se suspenda"».[17]

La meta de toda hostilidad es obstaculizar tu trabajo hasta paralizarlo. El enemigo quiere que renuncies. Entonces es cuando hay que decir: «¡De ninguna manera!», y seguir trabajando, pase lo que pase.

«Así que, desde el amanecer hasta que aparecían las estrellas, mientras trabajábamos en la obra, la mitad de la gente montaba guardia lanza en mano. En aquella ocasión también le dije a la gente: "Todos ustedes, incluso los ayudantes, quédense en Jerusalén para que en la noche sirvan de centinelas y de día trabajen en la obra." Ni yo ni mis parientes y ayudantes, ni los de mi guardia personal, nos desvestíamos para nada: cada uno de nosotros se mantenía listo para la defensa».[18]

Cuando estamos bajo ataque, es el momento de mantenernos unidos. Nehemías abrió camino; él era el que había establecido el ritmo para la obra que estaban haciendo. No tenía temor de ser el prototipo: sufrir las mismas privaciones que sufría el pueblo, y enfrentarse a los mismos peligros.

Los líderes son modelo de perseverancia.

Los líderes son modelo de perseverancia.

El líder es el último en darse por vencido; el último en abandonar el barco. El líder se niega a rendirse.

¿Qué meta o qué sueño quiere el enemigo que abandones? ¿En qué área te está susurrando al oído?: «¡Déjalo! Nunca vas a lograr nada.» ¿Se trata del esfuerzo de leer toda la Biblia en un año? ¿De esa profesión que siempre has querido ejercer? ¿De un sueño? ¿De tu matrimonio? ¿De una idea? ¿De un ministerio en la iglesia?

¿Qué quiere que dejes de hacer? ¿Reunir a tu grupo pequeño? Cuando sabes cuál es la meta del enemigo, sabes cuáles van a ser sus trucos. ¿Qué debes hacer?

¡Necesitas seguir adelante!

Un día, Satanás tuvo una venta de baratillo y vendió todas las viejas herramientas que había estado usando durante años. Pero en una esquina había una a la cual él le daba un valor especial, así que le puso un precio más alto que a todas las otras juntas. En realidad, no la quería vender. La herramienta era el desaliento. Él sabía que esa herramienta funcionaba cada vez que la usaba, así que se quedó con ella.

Tal vez nunca te engañe, ni te tiente hacia la inmoralidad, pero *sí* te puede desalentar. Satanás sabe que un cristiano desalentado es un cristiano ineficaz. Cuando permitimos que gane el desaliento, es porque hemos apartado los ojos del Señor para ponerlos en las circunstancias. Puesto que Satanás nunca vendió esa herramienta, todavía la sigue utilizando hoy.

Cuando nosotros nos damos por vencidos, el diablo gana.

¡No te dés por vencido!

Un creyente desconocido escribió en una ocasión:

No me rendiré

Deseo abandonar, mas no lo haré,
Pues de día y de noche,
Por Dios y por el bien
Todavía hay batallas que luchar.

Deseo abandonar, mas no lo haré,
Aunque enfermo me siento y es verdad,
Preocupado y sin ánimo, lo sé
Cansado y abatido y tanto más
A mí mismo me animo: ¡No lo haré!

No podría rendirme: ¡no jamás!
Mi armadura en el suelo no veré,
No me veré yaciendo derrotado,
Deseo abandonar, mas no lo haré.

Que sea este mi ruego y mi cantar
Que Dios me fortalezca al caminar
Para seguir luchando contra el mal.
Aunque desee rendirme ¡no lo haré![a]

La perseverancia es la prueba máxima del liderazgo. Es la prueba del ácido.

¿Qué haces tú cuando el camino se pone duro? ¿Cómo manejas las cosas cuando alguien se ríe de ti porque eres cristiano? Tal vez te hieran sus palabras, pero no te pueden detener. El secreto del éxito consiste simplemente en durar más que tus críticos.

Recuerda: El roble solo es una pequeña nuez que se negó a ceder. Tú no tienes que ser un genio; solo tienes que mantenerte firme. Con el tiempo, vas a seguir más allá que tus críticos. No hay nada que más quiera hacer el diablo, que atrasarnos, pararnos y ponernos en punto muerto.

¿Te sientes tentado a echarte atrás con respecto a algo que Dios te ha pedido que hagas? Las hostilidades vienen por oleadas. Tal vez tu vida se encuentre en estos momentos en marea baja, pero esa marea volverá a subir. ¡No te des por vencido!

Resístete al desaliento.
Sigue adelante.
Nunca te des por vencido.

Padre Celestial, tú dices en tu Palabra que no debemos ignorar las maquinaciones de Satanás. Debemos darnos cuenta de que la fuente de esa hostilidad es el diablo, esa serpiente antigua. Sabemos que él nos quiere ridiculizar y organizar la resistencia en contra nuestra. Él usa los rumores y cuantas herramientas tenga en su arsenal para desalentarnos. Señor, cuando estemos desalentados, ya sea por fatiga, por frustración, por algún fracaso o por temor, ayúdanos a reconocer la causa. Ayúdanos a apoyarnos en ti. Recuérdanos que no debemos subestimar la hostilidad en nuestra contra por ser cristianos; por ser líderes. Ayúdanos a darnos cuenta de que esas hostilidades son en realidad un privilegio, puesto que se nos permite compartir tus propios sufrimientos. Ayúdanos a reforzar nuestros aspectos débiles por el poder de tu Santo Espíritu. Ayúdanos a renovar y animar a la gente que nos rodea. Y sobre todo, ayúdanos a nunca rendirnos... porque lo estamos haciendo por Jesús. En su nombre oramos. Amén.

---

[a] Traducido y adaptado por Esteban Fernández

Guía para la aplicación del principio
del capítulo 6

Cómo se enfrenta un líder a los que se oponen

Aplicando los propósitos de Dios

¿Alguna vez has estado rodeado de gente que conspiraba en tu contra?

Comunión — Es duro ser cristiano en el mundo moderno, no importa dónde vivamos. El apoyo de otros creyentes es esencial para nuestra sobrevivencia. Cuando estás batallando con la oposición, lo que necesitas es apoyo.
- ¿Cómo puede un Grupo Pequeño evitar que te desmorones?
- ¿Cómo nuestro mundo podría ser diferente si todos los líderes políticos y sociales tuvieran acceso a un Grupo Pequeño?
- Si todavía no perteneces a un Grupo Pequeño, intégrate a uno. Si perteneces a uno, agradécele a Dios por el apoyo y aliento disponible.

Discipulado — Reconocer las tácticas del enemigo requiere madurez y experiencia.
- ¿Qué pasos puedes tomar para fortalecerte ante el ataque enemigo?
- ¿Cómo puedes prepararte para alcanzar la fortaleza y el discernimiento necesarios para ser un líder efectivo?
- Comprométete al próximo paso de preparación ahora.

Ministerio — Cuando un líder asegura a su gente, está ministrándoles.
- ¿Estás apoyando a las tropas, calmando miedos y subiendo la moral en tu grupo de una manera regular? Si no es así, trata de hacerlo y fíjate en la diferencia que hace.
- Como líder cristiano, ¿quién es tu fuente de confianza?
- ¿Cómo puedes transmitir esa confianza a tu grupo?

Evangelismo — Si hay algo de lo que podemos estar seguros es que el diablo no quiere que tengamos éxito en alcanzar al mundo para Cristo.
- ¿Qué clase de oposición enfrentan tus esfuerzos de compartir a Cristo con los demás?
- La oposición puede venir de afuera o puede venir de nuestros pensamientos, dudas y temores.
- ¿Cómo puedes reconocer las tácticas del enemigo, reforzar tus puntos débiles y rehusarte a renunciar?

Adoración — Cuando Nehemías se sintió frustrado, habló con Dios. Le dijo a Dios lo que estaba pasando y le pidió ayuda. La búsqueda instintiva de Nehemías en Dios responde a su hábito regular de tener un tiempo con Dios.
- ¿Pasas tiempo con Dios cada día, fortaleciéndote del ataque del enemigo?
- Cuando lo hagas, reflejarás el carácter de Cristo a aquellos que lideras.
- Asegúrate de planificar regularmente el tiempo con el Señor. Dale al Señor la primera parte de tu día, cada día.

PUNTOS DE REFLEXIÓN:

¿A qué quiere tu enemigo que renuncies? Una vez que lo veas, resiste, no te rindas. Recuerda, el secreto para sobrevivir es sobrellevar las críticas. Piensa en ello la próxima vez que veas una pequeña semilla y no dejes de seguir creciendo.

Los líderes deben encarar la oposición y lidiar con conflictos. ¿Qué se hace cuando los miembros de tu grupo no se llevan bien? Cómo manejar el sabotaje interno es el siguiente aspecto sobre liderazgo que leeremos.

7

CÓMO RESUELVE UN LÍDER LOS CONFLICTOS

Cuando el enemigo ataca tu liderazgo, usa la burla, el desaliento y los peligros. Pero eso no es todo. Su siguiente línea de ataque también incluye los conflictos internos. La división y la discordia, son armas que usan las personas para luchar entre sí, y solo las vuelven ineficaces.

El sabotaje interno es uno de los peores problemas a los que se puede enfrentar un líder. ¡Es como una traición! Y a Satanás le encanta. A él le encanta dividir y vencer. Una de las primeras armas que utiliza es el dinero. Son más los conflictos causados por las finanzas, que por cualquier otra cosa.

Las estadísticas muestran que la mayoría de los divorcios tienen que ver con problemas económicos. Al enemigo le encanta destruir los matrimonios, la institución en la cual Dios nos enseña la relación que hay entre Cristo y la Iglesia.

Los problemas internos destruyen más iglesias que cualquier presión externa. Satanás vive dedicado a destruir iglesias.

> «Y si una familia está dividida contra sí misma, esa familia no puede mantenerse en pie».[1]

¿Has visto alguna vez cómo un equipo de fútbol se derrota a sí mismo? Cuando hay un equipo de jugadores arrogantes en el campo, eso puede suceder. En lugar de batallar contra el equipo opuesto, pelean entre sí. Las divisiones se pueden producir dondequiera que haya dos personas o más. Los humanos tenemos tendencia a querer las cosas a nuestra manera.

Los conflictos sin resolver detienen la obra del Señor en nuestra vida. Eso es cierto en tu negocio, en tu matrimonio, en tu iglesia y en cualquier lugar donde haya personas que se relacionen entre sí. El líder tiene que aprender a resolver los conflictos. En estas páginas veremos la canalización de los conflictos; el arte de enfrentarse a ellos. Veremos primero las causas, y después le aplicaremos la solución.

Las causas de los conflictos

En aquellos momentos, el pueblo llevaba semanas trabajando en las murallas. Como allí tenían enfocadas principalmente sus energías, no habían estado cultivando sus huertas. La consecuencia fue que la comida estaba escaseando.

> «Los hombres y las mujeres del pueblo protestaron enérgicamente contra sus hermanos judíos, pues había quienes decían: "Si contamos a nuestros hijos y a nuestras hijas, ya somos muchos. Necesitamos conseguir trigo para subsistir"».[2]

Había demasiadas bocas que alimentar y no había comida suficiente para todos. Tenían inflación, precios elevados y escasez de alimentos.

Tal vez nos preguntemos: Si ellos estaban haciendo la obra del Señor, ¿por qué permitió él que hubiera hambruna? Yo creo que el hecho de cumplir con la voluntad de Dios no nos exonera de los problemas comunes de la vida. Solo porque estemos haciendo lo que debemos, eso no significa que nuestro auto no se va a romper. El hecho de estar dedicados al ministerio no va a evitar las enfermedades graves, u otros problemas. Tal vez no sepamos siempre exactamente por qué, pero sí podemos saber que el propósito de Dios con nosotros es que crezcamos siempre.

«Por conseguir trigo para no morirnos de hambre, hemos hipotecado nuestros campos, viñedos y casas».[3]

Sus casas estaban hipotecadas al máximo. Estaban en una esclavitud económica, sacando dinero de sus casas e hipotecándolas cada vez más, solo para poner comida en la mesa.

«Había también quienes se quejaban: "Tuvimos que empeñar nuestros campos y viñedos para conseguir dinero prestado y así pagar el tributo al rey"».[4]

El tercer problema eran los impuestos elevados. Aquellas gentes pedían dinero prestado solo para pagar sus impuestos.

«Y aunque nosotros y nuestros hermanos somos de la misma sangre, y nuestros hijos y los suyos son iguales, a nosotros nos ha tocado vender a nuestros hijos e hijas como esclavos. De hecho, hay hijas nuestras sirviendo como esclavas, y no podemos rescatarlas, puesto que nuestros campos y viñedos están en poder de otros».[5]

Estaban tan metidos en deudas, que en realidad, habían tenido que recurrir a la venta de miembros de su familia, solo para sobrevivir. Para pagar sus deudas, se veían obligados a entregar a sus hijos para que trabajaran como esclavos. Los impuestos elevados, las hipotecas cuantiosas, los precios altos, el trabajo forzoso durante un número excesivo de horas... tal pareciera que fuera la sección de negocios del periódico de hoy. ¡La Biblia tiene vigencia! Sin embargo, aquellos tiempos difíciles no eran la raíz del problema.

El primer versículo dice: *«Los hombres y las mujeres del pueblo protestaron enérgicamente contra sus hermanos judíos»*. Se estaban quejando entre ellos mismos. Los judíos ricos estaban explotando a los judíos pobres en un tiempo de gran crisis. Se estaban aprovechando del infortunio de los pobres y levantando un capital con él. Los que tenían dinero y comida decían: «Si me vendes tu casa, te doy comida. Te puedo prestar dinero, pero a un interés alto. Y si no puedes pagar el préstamo, me llevo a tus hijos como garantía de pago». Se estaban explotando entre sí.

En lugar de ayudarse y de darles a los pobres, estaban prestando el dinero a un interés alto, quedándose con las casas y llevándose a los niños como esclavos. Había una desconsideración total hacia el infortunio de los demás. Su única preocupación era: «¿Qué ventaja puedo sacar yo de este problema?»

Esta forma de conducta era claramente contraria a la ley de Dios. La Palabra dice en Éxodo 2:25 que los judíos no se podían prestar dinero a interés unos a otros. Les podían cobrar intereses a otros, pero no entre sí. La Biblia dice también que un judío no debe esclavizar a otro judío. La persona rica podía contratar a una persona pobre a fin de que trabajara para ella, pero la esclavitud entre ellos estaba prohibida. Aquellos judíos ricos estaban violando clara y abiertamente la voluntad de Dios: adquiriendo ganancias, explotando y enriqueciéndose con el hambre ajena. En medio mismo del programa de construcción, se había presentado un conflicto entre los que *tenían* y los que no *tenían*.

La raíz de los conflictos internos y la discordia siempre está en el egoísmo.

«¿De dónde surgen las guerras y los conflictos entre ustedes? ¿No es precisamente de las pasiones que luchan dentro de ustedes mismos?»[6]

La raíz de los conflictos internos y la discordia siempre está en el egoísmo.

Los conflictos siempre tienen que ver con el egoísmo. ¡*Siempre*!

Cuando hay un conflicto entre lo que yo quiero y lo que tú quieres, tenemos un problema, y ese problema, si no se resuelve, termina en los conflictos y las divisiones.

Trabajar con gente es la mayor satisfacción para un líder y también su mayor frustración.

La gente tiende a ser egoísta, y eso nos incluye a ti y a mí. Queremos las cosas a nuestra manera. Queremos *hacer* lo que queremos *hacer*. Sin embargo, lo que nosotros queremos no es siempre lo mejor. Imagínate lo que sería vivir con una dieta de helado. A mí me encantaría. Sin embargo, mi salud sufriría, porque lo que yo quiero no es siempre lo mejor. El egoísmo siempre causa conflictos.

LA SOLUCIÓN PARA EL CONFLICTO

Nehemías sabía que tenía un serio problema en las manos. Todo su proyecto podía quedar destruido, y los muros no se reconstruirían nunca. Los judíos se estaban explotando unos a otros, peleando unos contra los otros, y familias contra familias. Aquello era peor que pelear

Trabajar con gente es la mayor satisfacción para un líder y también su mayor frustración.

Cuando estamos peleando entre nosotros, nuestro equipo se destruye.

contra un enemigo. El hecho de que exista un enemigo común muchas veces reúne a los soldados y crea unidad. Pero cuando estamos peleando entre nosotros, nuestro equipo se destruye.

PRIMER PASO – Enójate

«Cuando oí sus palabras de protesta, me enojé muchísimo».[7]

Como líder, si tú ves que la armonía de tu grupo es amenazada de alguna forma, tú debes enojarte. Tu papel como líder es el de proteger la armonía. Nehemías no pasó por alto el problema que estaba dividiendo a su equipo. Se lo tomó en serio.

Algunas veces es adecuado enojarse. Hay ocasiones en que lo correcto es eso. Nehemías no estaba solamente enojado, sino que este versículo dice que se enojó *muchísimo*.

«Si se enojan, no pequen».[8]

Dios autoriza enojarse. Él se enoja. Jesús se enojó. Tú te *puedes* enojar sin pecar. Cuando veas la falta de armonía causada por el egoísmo, como líder, lo mejor que puedes hacer es enojarte. Sé como Nehemías: tómalo en serio. Hay una clase de ira correcta y otra incorrecta. Ser líder consiste en conocer la diferencia entre una y otra.

Tu papel como líder es el de proteger la armonía.

Nehemías no estaba enojado por algún daño o injusticia hacia su persona. No estaba devolviendo el golpe porque le habían herido su ego. Él no estaba motivado por una revancha. Esa ira habría sido de la clase incorrecta. Su ira era una indignación justificada. Estaba enojado por el egoísmo y la explotación por parte de aquellos ricos. Estaba furioso al ver que su egoísmo y su codicia podrían llegar a detener todo el proyecto de reconstrucción de los muros. «¿Para que sirven unos muros, si los que viven dentro

> *Hay una clase de ira correcta y otra incorrecta. Ser líder consiste en conocer la diferencia entre una y otra.*

de ellos se están haciendo trampas unos a otros?», pensaba. Como pueblo de Dios, necesitamos enojarnos con el pecado.

> «*Entramos a diario en contacto con tanta tragedia humana, que hemos experimentado lo que algunos han llamado "fatiga de la compasión". Después de haber sentido lástima por tantas víctimas de las inundaciones, de los terremotos y de las guerras, sencillamente no podemos encontrar la identificación que sabemos que deberíamos tener para otras nuevas víctimas. Pero peor aún que la fatiga de la compasión es la fatiga de la indignación. Muchos de nosotros parecemos haber perdido la capacidad de enojarnos; por lo menos enojarnos tanto como deberíamos, con las mentiras, las trampas y el robo. Permanecer indiferente hacia el mal, encogerse de hombros ante él y reírse son síntomas de una avanzada degeneración del sentido de moralidad. Es como si alguien le hubiera administrado una dosis gigantesca de novocaína a nuestra conciencia nacional*».
>
> LOUIS COSSELL

El líder necesita tener fuego en sus huesos. No hay nada que indigne más a un líder que las divisiones. En la iglesia Saddleback,

> *El líder necesita tener fuego en sus huesos.*

esa es la única cosa por la que yo realmente me enojo. Siento celo por la armonía en mi iglesia. Siento celo por la unidad de ella.

Lo que menos necesitaban aquellos constructores de muros era una lucha interna. Ya tenían bastante con lo que les llegaba de fuera.

SEGUNDO PASO – Tómate tu tiempo para reflexionar: Piensa antes de hablar

«Y después de reflexionar, reprendí a los nobles y gobernantes».[9]

La Biblia hace la siguiente paráfrasis de estas palabras: *«Después de pensarlo, hablé con estos ricos funcionarios del gobierno».* Los funcionarios del gobierno eran los que les estaban robando a todos los demás. La palabra hebrea usada aquí significa literalmente «consulté conmigo mismo».

La primera reacción de Nehemías fue enojarse, pero sostuvo una larga charla consigo mismo antes de actuar como consecuencia de ese enojo. Se buscó un lugar para estar a solas con Dios, oró acerca de la situación y reflexionó mucho sobre ella. Sabía que necesitaba tener la perspectiva correcta. Cuando el enojo se basa en las emociones puede hacer mucho daño. Nehemías planeó su respuesta y la consultó con Dios. «¿Qué quieres que les diga, Señor?» Y habló extensamente consigo mismo. Algunas veces, el líder necesita conversar consigo mismo, en lugar de empeorar la cuestión involucrando a otra persona. Necesitamos comprender qué provocó nuestro enojo.

> *Tómate tu tiempo para reflexionar: Piensa antes de hablar.*

Antes de actuar con enojo, aparta algún tiempo para reflexionar sobre el problema y pensarlo bien. Cuando estamos enojados, nuestra primera reacción suele ser equivocada. ¿Has cometido alguna vez ese error?

Cuando estamos enojados, nuestra primera reacción suele ser equivocada.

Tú tienes que enojarte Solo cuando veas que el egoísmo obstaculiza o daña la obra de Dios, esas son las cosas que te deben enojar. Sin embargo, que debes cerciorarte de que te tomas el tiempo necesario para orar y pensar antes de hablar… De lo contrario, tal vez tengas que lamentarte de haber hablado.

> «Mis queridos hermanos, tengan presente esto: Todos deben estar listos para escuchar, y ser lentos para hablar y para enojarse; pues la ira humana no produce la vida justa que Dios quiere».[10]

Santiago ofrece el antídoto. No es una contradicción; lo que hace en realidad es aclarar la indicación de Pablo: *«Si se enojan, no pequen»*. Hay una diferencia entre la ira del hombre y la ira de Dios. Cuando nosotros nos enojamos, actuamos para vengarnos. Cuando nos enojamos con la ira de Dios, actuamos con justicia. Nuestra actuación no comprende ninguna venganza personal. No te enojes porque te hayan herido, irritado, frustrado o desilusionado. Esa es la clase incorrecta de ira: la ira egoísta. No siempre la gente va a estar a la altura de nuestras expectativas, pero eso no es razón para una ira justa. Al fin y al cabo, Dios ya sabe que lo vamos a desilusionar y a pesar de eso, nos sigue amando. Enójate con la ira de Dios, y no con la tuya propia.

Cuando nosotros nos enojamos, actuamos para vengarnos. Cuando nos enojamos con la ira de Dios, actuamos con justicia.

Enójate con la ira de Dios, y no con la tuya propia.

Si estás siempre listo para escuchar y eres lento para hablar, entonces va a ser natural aquello de ser «lento para la ira». Y después de haber pensado bien las cosas, la ira que tendrás va a ser una ira justa. Te alegrarás de no haber dicho lo primero que te vino a la mente. La ira impulsiva siempre te mete en problemas. He visto cómo muchos líderes, que por otra parte eran excelentes, dañan su eficacia a causa de una reacción impulsiva de ira momentánea.

Reflexione antes de hablar.

TERCER PASO – Reprende: Confróntate en privado con el que te ha ofendido

Cuando haya un problema que necesite una solución, ve directamente a la fuente. No pierdas el tiempo tratando de buscar otras personas que te apoyen. No digas: «Tengo una petición de oración…» Todos sabemos que eso muchas veces no es más que una murmuración santificada. Ve directamente a la persona con la cual tienes el problema.

> *«Y después de reflexionar, reprendí a los nobles y gobernantes: ¡Es inconcebible que a sus propios hermanos les exijan el pago de intereses!»[11]*

La ira impulsiva siempre te mete en problemas.

Si alguien te ha ofendido, y tú acudes primero a alguien que no es esa persona, ya habrás pecado. Nehemías los estaba acusando de usura: un préstamo a un interés exorbitante. Estaba enojado, pero después de haber orado y de haberlo pensado bien, fue directamente a los que estaban ofendiendo a Dios.

> *«Si tu hermano peca contra ti, ve a solas con él y hazle ver su falta. Si te hace caso, has ganado a tu hermano. Pero si no, lleva contigo a uno o dos más, para que ‹todo asunto se haga constar por el testimonio de dos o tres testigos›. Si se niega a hacerles caso a ellos, díselo a la iglesia; y si incluso a la iglesia no le hace caso, trátalo como si fuera un incrédulo o un renegado».*[12]

Esto es lo que dijo Jesús acerca de la forma de canalizar los conflictos, dondequiera que estemos. Tenemos que amar al que ha delinquido. Para ser como Nehemías, o como Jesús, necesitamos amar incluso a los paganos y a los recaudadores de impuestos. Lo bueno es que no necesitamos tratarlos como si fueran familia. Esa es la diferencia entre aceptación y aprobación.

En cuanto a tu grupo o equipo, involucra a los demás solo según lo necesites. Ve primero a ver a la persona con la cual estás teniendo el conflicto, o que está causando el problema. Si esa persona es tu jefe, trata de resolverlo con él a solas. Si eso no funciona, lleva a otra persona que te sirva de testigo o de mediador. Y si eso no funciona aún, entonces puedes involucrar a un grupo mayor. Pero primero, ve directamente a la persona. Si vas a alguna otra persona antes, habrás pecado.

Reflexione antes de hablar.

Cuando Nehemías dijo: *«Y después de reflexionar, reprendí…»*, no estaba hablando de una simple visita social. Estaba enojado por el hecho de que aquellos egoístas les estaban haciendo trampas a los demás. No subestimó la importancia del problema, lo confrontó.

CUARTO PASO – Confronta al ofensor en privado

A nadie le gusta el enfrentamiento con otras personas. Yo quisiera agradarle a todo el mundo. ¿No lo quisieras tú también? Claro que sí. A nadie le agrada caerle mal a la gente. Nadie quiere causar sentimientos negativos. Sin embargo, algunas veces es necesario un enfrentamiento por el bien de todos. He aprendido que si no me enfrento al problema, se empeora. Los problemas que se ignoran no mejoran. También he aprendido que, mientras más espere para el enfrentamiento, más valor necesitaré.

Los problemas que se ignoran no mejoran.

¿Has visto alguna vez cómo se deteriora la moral en una oficina porque hay una persona que está haciendo sufrir a todos los demás? Como el gerente no quiere enfrentarse al conflicto, el enredador y sus venenosas actitudes se apoderan de toda la oficina.

¿Has visto alguna vez cómo se destruye una familia porque los padres temen disciplinar a sus hijos? El amor fuerte exige que nos enfrentemos en privado con el que ha cometido la ofensa.

Los líderes deben tener el valor para confrontar.

Para llegar a ser un líder eficaz, es *necesario* que desarrolles esta habilidad. Aprende a decir la verdad con amor.

Ser líder exige valentía. No se trata de un concurso de popularidad, ni siquiera Dios puede agradar a todo el mundo. El líder debe tener el valor necesario para decir: «No me importa lo que suceda, porque esto hay que hacerlo. Me voy a enfrentar con este asunto. Para el bien de la organización, hay que resolver esto». Eso es lo que hizo Nehemías. Y eso es lo que tú necesitas hacer si quieres ser como él.

Los líderes deben tener el valor para confrontar.

«Al que cause divisiones, amonéstalo dos veces, y después evítalo. Puedes estar seguro de que tal individuo se condena a sí mismo por ser un perverso pecador».[13]

A los pastores y a los líderes se les ordena que adviertan a los que causan problemas. He visto líderes que no se han enfrentado con una persona que causa división por temor a que esa persona se marche. Los problemas, a largo plazo, fueron mayores debido a la falta de confrontación. Tres veces le he tenido que decir a alguien: «¡O se arregla, o se va!» Dos de esas veces, se han ido, y la otra, se han arreglado. El enfrentamiento es una tarea de los líderes.

Cuando esas personas se marcharon de nuestra iglesia, yo sufrí durante semanas. Eso sucedió hace años, y hoy, al recordarlo, reconozco que esa decisión fue una de las más sabias que haya tomado jamás.

El enfrentamiento es una tarea de los líderes.

Confronta en privado al ofensor.

QUINTO PASO – Determinación: Enfréntate en público a las divisiones públicas

Obviamente, en Jerusalén todo el mundo sabía que los ricos le estaban haciendo trampas a los pobres. Había que enfrentarse a este pecado en público. Enfréntate a las cosas públicamente hasta el punto en que sean conocidas. Si se trata de un pecado personal, confiésalo personalmente ante Dios. Si es un pecado privado entre tú y otra persona, confiésalo en privado. Si has ofendido a toda la comunidad, tendrás que enfrentarte a ella en público.

«Y después de reflexionar, reprendí a los nobles y gobernantes: ¡Es inconcebible que sus propios hermanos les exijan el pago de intereses! Convoqué además una gran asamblea contra ellos, y allí les recriminé: Hasta

donde nos ha sido posible, hemos rescatado a nuestros hermanos judíos que fueron vendidos a los paganos. ¡Y ahora son ustedes quienes venden a sus hermanos, después de que nosotros los hemos rescatado! Todos se quedaron callados, pues no sabían qué responder».[14]

Nehemías repitió en público lo que les había dicho en privado a los ofensores. Para aquel hombre, que había usado sus propias riquezas para liberar esclavos judíos cuando era copero en Persia, aquella manera de conducirse no tenía sentido. «¿Por qué están tratando de esta forma a sus propios hermanos y hermanas?», les preguntó en público. «Ustedes saben lo que dice la Palabra de Dios. En Levítico dice que es ilegal lo que están haciendo, así que, ¿por qué lo están haciendo?» Ellos no pudieron responder.

¿Crees que Nehemías debe haberse sentido nervioso en aquellos momentos? Necesitó un gran valor para hacer lo que hizo, enfrentándose en público a los líderes de la ciudad. Estaba reprendiendo a los mismos de los que debía depender para que costearan la reconstrucción de los muros.

Es probable que en aquellos mismos momentos, el diablo le estuviera diciendo: «Nehemías, si convocas a esta reunión pública y pierdes su apoyo, ¿quién va a pagar los muros? Nunca vas a terminar el proyecto. Y entonces, ¿qué va a pensar la gente de Dios?»

Él sabía que se estaba arriesgando, pero que era lo que debía hacer. Más aun, era lo que se tenía que hacer. Si eso significaba paralizar las obras de los muros durante unos cuantos días mientras se enfrentaban a este pecado, que así fuera. Esto muestra la integridad de Nehemías.

«Yo añadí: Lo que están haciendo ustedes es incorrecto. ¿No deberían mostrar la debida reverencia a nuestro Dios y evitar así el reproche de los paganos, nuestros enemigos?»[15]

Nehemías apeló a la conciencia de ellos, señalando que aquello que estaban haciendo ponía a Dios en mala situación ante los incrédulos. Era un mal testimonio. La discordia siempre ha sido un testimonio pobre. Cuando una iglesia se gana la reputación de que en ella hay divisiones, pierde su eficacia.

> *Cuando una iglesia se gana la reputación de que en ella hay divisiones, pierde su eficacia.*

«*Mis hermanos y mis criados, y hasta yo mismo, les hemos prestado dinero y trigo. Pero ahora, ¡quitémosles esa carga de encima! Yo les ruego que les devuelvan campos, viñedos, olivares y casas, y también el uno por ciento de la plata, del trigo, del vino y del aceite que ustedes les exigen*».[16]

La tasa de interés ascendía al uno por ciento mensual. El uno por ciento mensual equivale al doce por ciento anual. A algunos tal vez no parezca un interés demasiado alto, pero entonces era enormemente alto. Nehemías estaba exhortando a aquellas personas para que vieran el error de sus caminos e hicieran restitución inmediata.

Su exhortación funcionó. Los ricos que habían estado explotando a los pobres se arrepintieron.

«*Está bien, respondieron ellos, haremos todo lo que nos has pedido. Se lo devolveremos todo, sin exigirles nada. Entonces llamé a los sacerdotes, y ante éstos les hice jurar que cumplirían su promesa*».[17]

Nehemías debe haber suspirado de alivio. Había corrido un gran riesgo al retar a aquellos ricos propietarios. Pero no quiso correr más riesgos. No estaba dispuesto a aceptar solo la palabra de ellos, sino que los hizo jurar en público. Los hizo firmar un contrato.

Usando el drama a favor suyo, les dio una lección objetiva que el pueblo no olvidaría fácilmente.

> *«Luego me sacudí el manto y afirmé: ¡Así sacuda Dios y arroje de su casa y de sus propiedades a todo el que no cumpla esta promesa! ¡Así lo sacuda Dios y lo deje sin nada! Toda la asamblea respondió: ¡Amén! Y alabaron al Señor, y el pueblo cumplió lo prometido».*[18]

El atuendo masculino de aquellos días incluía un mandil (probablemente distinto a los delantales que usan hoy los cocineros). Nehemías tomó su mandil, lo sacudió y dijo: «Esto es un símbolo de lo que Dios les va a hacer si no cumplen lo que han prometido. Los va a sacudir tan fuerte, que van a perder todo lo que tienen». Fue una lección objetiva visual con la cual se enfrentó públicamente a la división dentro del cuerpo.

SEXTO PASO – **El refuerzo:**
Muestra desprendimiento

> *«Desde el año veinte del reinado de Artajerjes, cuando fui designado gobernador de la tierra de Judá, hasta el año treinta y dos, es decir, durante doce años, ni mis hermanos ni yo utilizamos el impuesto que me correspondía como gobernador. En cambio, los gobernadores que me precedieron habían impuesto cargas sobre el pueblo, y cada día les habían exigido comida y vino por un valor de cuarenta monedas de plata. También sus criados oprimían al pueblo. En cambio yo, por temor a Dios, no hice eso. Al contrario, tanto yo como mis criados trabajamos en la reconstrucción de la muralla y no compramos ningún terreno. A mi mesa se sentaban ciento cincuenta hombres, entre judíos y oficiales, sin contar a los que llegaban de países vecinos. Era tarea*

de todos los días preparar un buey, seis ovejas escogidas y algunas aves; y cada diez días se traía vino en abundancia. Pero nunca utilicé el impuesto que me correspondía como gobernador, porque ya el pueblo tenía una carga muy pesada».[19]

Nehemías guiaba a los demás por medio de su ejemplo. Era el fundamento de su liderazgo. Cuando le pidió al pueblo de Jerusalén que reconstruyera los muros, salió él también a reconstruir con ellos. Cuando les pidió que oraran, ya él había estado orando. Cuando les pidió que trabajaran de noche y de día para poder acabar el trabajo, él también se quedaba en pie noche y día trabajando. Cuando les pidió que ayudaran a los pobres, ya él lo había estado haciendo.

Por su nombramiento como gobernador, Nehemías tenía derecho a una manutención que nunca tomó. El pueblo estaba pasando hambre. Se daba cuenta que aceptar comida de ellos, aunque fuera correcto, habría sido ponerles una carga más pesada aún. Él y sus siervos habrían podido explotar al pueblo, como habían hecho otros gobernadores en el pasado, pero no lo hicieron. Al contrario; alimentaron a los pobres. Los ayudaron. Él hizo cuanto pudo, utilizando sus propias riquezas personales. Dio el ejemplo.

Nehemías fue modelo de generosidad. Tuvo el cuidado de decir esto al final de este informe sobre aquel conflicto, con el fin de hacer una comparación entre los conflictos y el egoísmo. El egoísmo es la fuente de todos los conflictos. Lo que les dijo fue: «Yo no he explotado al pueblo, ni me he aprovechado de su infortunio».

> *El egoísmo es la fuente de todos los conflictos.*

No lo estaba diciendo para que lo consideraran como alguien superior, sino para enseñarle al pueblo cuál era la manera correcta de vivir. Nehemías nunca le pidió a nadie que hiciera algo que no estuviera dispuesto a hacer él mismo, o que ya no estuviera haciendo. Podía decir con una conciencia limpia: «Sigan mi ejemplo». Eso es una característica del liderazgo.

Pablo lideró de esta forma.

«Imítenme a mí, como yo imito a Cristo».[20]

¿Puedes tú decir lo mismo? ¿Por qué no? Esta declaración de Pablo no nace de la arrogancia. Estaba señalando la responsabilidad que tienen los líderes. Si tú no puedes decir como Pablo: *«Imítenme a mí, como yo imito a Cristo»*, entonces necesitas hacer algunos cambios en tu vida.

La gente sigue modelos. Nehemías lo sabía, y Pablo también. Pablo estaba diciendo: «Por lo menos, lo estoy intentando. Por lo menos, estoy haciendo mi mejor esfuerzo». Si no puedes decir eso también, entonces aún no estás listo para el liderazgo. Es necesario que puedas decir como Pablo: *«Imítenme a mí, como yo imito a Cristo».*

Los líderes solo le piden a los demás que hagan lo que ellos ya están haciendo.

Ese era el secreto del arrojo demostrado por Nehemías. Me asombra el hecho de que aquel hombre se les enfrentó a los que estaban explotando a sus vecinos y los desafió. Se les enfrentó en público. Era un hombre íntegro. Como estaba dando el ejemplo por medio de su propia vida, tenía todo el derecho de decir: «¿Por qué no están ayudando a los pobres, en lugar de hacerles daño?» Si tú no puedes retar a nadie para que siga tu ejemplo, cualquier cosa que les digas perderá su impacto.

> *Los líderes solo le piden a los demás que hagan lo que ellos ya están haciendo.*

Como padre, yo no puedo retar a mis hijos diciéndoles: «Hagan lo que yo digo, pero no lo que yo hago». Eso no tiene eficacia alguna. Si no les puedo decir: «Hagan lo que yo hago», el impacto de las palabras «hagan lo que yo digo» no vale de nada. Las organizaciones tienen menos conflictos cuando sus líderes llevan una vida generosa y son modelo de desprendimiento.

Cada vez que estés levantando algo para Dios, Satanás va a querer derrumbarlo, desafiarlo e impedir que triunfe. De la misma forma que trató de detener los muros de Nehemías, también va a hacer cuanto esté a su alcance para obstaculizar y detener lo que estés haciendo para Cristo. Puedes darlo por seguro. Es absolutamente esencial que tu equipo se sienta unido alrededor de tu propósito. Ya van a tener suficientes circunstancias, problemas y dificultades que les van a venir del exterior. Lo menos que tú necesitas es que la gente de tu grupo se dedique a criticar sin motivo, causar problemas y agitar disensiones.

¿Cuál es tu responsabilidad? Tu reseña de trabajo dentro del cuerpo de Cristo está en Efesios 4:3:

> «Esfuércense por mantener la unidad del Espíritu mediante el vínculo de la paz».[21]

Para que tú seas un líder eficaz, tu prioridad máxima consistirá en fomentar la unidad y la armonía dentro de tu iglesia, tu negocio, tu familia o tu organización. La Biblia dice que se debe mantener la unidad a todo precio.

Dondequiera que haya un grupo de personas, van a existir diferencias internas. Eso es inevitable. Si dos personas están de acuerdo en todo, entonces una de ellas está de sobra. Van a existir las diferencias. No hay equipo, ni organización perfectos... ni siquiera los tuyos. Espera que

> *Las organizaciones tienen menos conflictos cuando sus líderes llevan una vida generosa y son modelo de desprendimiento.*

> *Si dos personas están de acuerdo en todo, entonces una de ellas está de sobra.*

Juntos podemos causar un impacto.

aparezcan los conflictos, pero ten en cuenta que Dios quiere que reduzcamos al mínimo esos conflictos para su gloria, especialmente en la iglesia.

El testimonio de nuestra vida no debe basarse en lo que hayamos creado con nuestras manos, o hablado con nuestros labios, sino el amor que les hemos manifestado a los demás. Esa es la señal del líder. Jesús dijo: «*De este modo todos sabrán que son mis discípulos, si se aman los unos a los otros*».[22]

En los cinco primeros capítulos del libro de Hechos se usan diez veces expresiones como «unos a otros» y en «armonía». "Hechos" insiste diez veces en la unidad que existía al principio en aquel cuerpo. Y en medio de ellos se producían toda clase de milagros. Cuando se tiene la unidad al estilo de Hechos, se tiene también el poder de Hechos, el amor de Hechos y los milagros de Hechos.

Vance Abner dijo en una ocasión: «Los copos de nieve son frágiles, pero si se juntan en número suficiente, pueden detener el tránsito». Yo no puedo hacer mucho por mí mismo. Tú tampoco puedes hacer mucho solo. Pero juntos, formamos el cuerpo de Cristo. Y juntos podemos causar un impacto. Se pueden tirar cien piedras pequeñas en una laguna, y todo lo que se consigue son unas cuantas ondas en el agua. Pero si se juntan todas esas piedras y lo que se tira es un gran peñasco, se consiguen olas. Cuando estamos juntos, unificados, nada puede detener al cuerpo de Cristo. Juntos, somos una fuerza que es necesario tener en cuenta.

Juntos, somos una fuerza que es necesario tener en cuenta.

El hecho de que tengas este libro en las manos y estés leyendo estas páginas es una clara indicación de que tu corazón busca a Dios. Hagamos el pacto de que vamos a realizar cuanto esfuerzo nos sea necesario para guardar la unidad del

Espíritu por medio del vínculo de la paz. Te desafío a decir: «Dios mío, quiero convertirme en pacificador. Quiero convertirme en funcionario de la paz».

Dondequiera que haya discordia, siembra paz. Algunas veces, es posible que esto te exija un enfrentamiento. Tal vez, durante la reunión de tu grupo pequeño, alguien se ponga a criticar. Alguna persona necesita tomar el liderazgo y decir: «¿Me puedo enfrentar a ti con amor? Llevamos una dirección equivocada. No deberíamos estar hablando así». Deja que esa persona seas tú. Ama lo suficiente como para enfrentar. Di la verdad con amor.

> *Ama lo suficiente como para enfrentar.*
> *Di la verdad con amor.*

> *Padre, te doy gracias por los que están leyendo este libro y orando conmigo en este momento. Te doy las gracias por tu Iglesia. Sabemos que Satanás trata de atacarnos desde el exterior, pero sus ataques más sutiles consisten en sembrar la discordia en el interior. Te pido que estemos preparados para esto cuando nos tengamos que enfrentar a nuevos retos. Que seamos sensibles ante las necesidades de otras personas. Que seamos conocidos como pacificadores. Tú dijiste: «Dichosos los que trabajan por la paz, porque serán llamados hijos de Dios».[23]*

> *Queremos ser como tú, y cuando traemos paz, somos como tú. Te pedimos estas cosas en el nombre de Jesús. Amén.*

Guía para la aplicación del principio
del capítulo 7

Cómo resuelve un líder los conflictos

Aplicando los propósitos de Dios

Comunión — Nada destruye más rápido el compañerismo que el conflicto.
- Si no lo confrontamos a tiempo, ¿qué podría pasar a nuestro grupo o familia?
- Como líder, ¿temes confrontar a ese agente divisor en tu trabajo?
- Como padre, ¿estás temeroso de disciplinar a tus hijos?
- Considera el costo de no confrontar. Antes de enfrentar a un empleado, miembro de grupo o hijo, escribe tu plan personal para negociar con el conflicto, basándote en Mateo 18:15-17. Entrega ese plan a Dios y pídele por Su valentía. Podrías pedir a uno o dos socios de confianza que te apoyen en cumplir con tu compromiso.

Discipulado Nehemías discipulaba a través del ejemplo.
- ¿Muestras a Cristo a otros?
- ¿Podrías decir, al igual que Nehemías y Pablo: "sigan mi ejemplo como yo sigo el de Cristo"? Si no, ¿qué debes cambiar para convertirte en un modelo a seguir para los demás?

- ¿Cómo puedes conectarte con Jesús en un nivel tan íntimo, que no puedas evitar reflejar a Cristo en tus pensamientos, actitudes y acciones?
- Pídele al Señor que te revele Su verdad sobre ti, Pídele la valentía necesaria para ver esa verdad y luego el compromiso necesario para rendirte a Su cambio.

Ministerio — Tito 3:10-11 nos dice: *"Al que cause divisiones amonéstalo dos veces, y después evítalo. Puedes estar seguro de que tal individuo se condena a sí mismo por ser un perverso pecador."*

- La división puede destruir un ministerio.
- En tu rol de liderazgo, ¿cómo manejas a una persona separatista?
- Cuando alguien quiere imponer sus intereses al resto del grupo, ¿qué puedes hacer como líder? Créelo o no, la respuesta a esta pregunta puede representar el éxito o el fracaso de tu ministerio.

Evangelismo — Para efectivamente compartir el Espíritu de Cristo, debemos parecernos a Él en nuestras acciones.

- ¿Cuál fue la respuesta de Cristo a los paganos y recolectores de impuestos (ver Mateo 18:15-17, punto 3)?
- ¿En que se diferencia la aceptación de la aprobación?
- En la actualidad, se asocia a los cristianos con una postura rígida en referencia al comportamiento pecaminoso de los demás, especialmente en aquellos que llevan una vida que se podría llamar irreverente. ¿Qué puedes hacer para enfrentar un comportamiento así y dejar actuar el amor de Cristo a través tuyo?

Adoración — Adorar a Dios implica ponerlo a Él primero y no a nosotros mismos.

- Cuando oras, al asistir al culto, en tu oración personal o al cantar a Dios, ¿te estás enfocado únicamente en Él?
- Aprende a poner al Señor primero en tu vida, aun cuando es difícil.
- Una vida que pone a Dios y a Cristo por sobre todas las cosas refleja una actitud de adoración. Cuando nuestro primer objetivo es agradar a Dios, no puede haber conflictos de interés. Fija tu mirada en Él ahora. Pídele que Él sea más en tu vida y que tú mismo seas menos. Observa al Señor ocuparse de tus problemas de liderazgo y de los problemas en tu vida.

PUNTOS DE REFLEXIÓN:

Siempre que perteneces a un grupo, desacuerdos y diferencias son inevitables. Dios permite el conflicto para Su gloria, para que así aprendamos a dejar nuestros intereses personales por Sus intereses. ¿Estás listo para dar ese paso de fe?

Hemos aprendido a orar por nuestro rol de liderazgo, a planificar, a motivar a otros, a organizar nuestros proyectos, a manejar la oposición y a resolver conflictos. Pero, ¿qué hacemos si el conflicto está en nuestra alma?

Una cosa es cuando los problemas son con otras personas, y otra muy diferente cuando luchamos con nuestros propios deseos. ¿Qué hacemos al enfrentar la tentación? ¿Siempre la reconocemos? En el próximo capítulo, examinaremos las tentaciones del liderazgo.

8

LAS TENTACIONES DEL LIDERAZGO

*«Por cada cien personas que le pueden hacer frente
a la adversidad, solo hay una que le pueda
hacer frente a la prosperidad».*

THOMAS CARLYLE

¿Qué te parece más fácil de manejar: el éxito o el fracaso? La mayoría de la gente no le sabe hacer frente al hecho de ocupar un alto puesto. De hecho, el éxito destruye a algunas personas.

El liderazgo viene acompañado de tres ventajas primordiales:

- Posición – Tú puedes llegar a estar más alto.
- Poder – Tú puedes llegar a hacer más.
- Privilegio – Tú puedes llegar a tener más.

Cada una de estas cosas es un beneficio legítimo de liderazgo. El esfuerzo y la labor extraordinarios que tú has aportado para convertirte en líder te ofrecen una posición mejor, con más poder y unos privilegios mayores.

Sin embargo, debemos considerar esos privilegios como «mano de hierro en guante de terciopelo». Todos y cada uno de ellos llegan acompañados por unas tentaciones lo suficientemente grandes para causar tu caída como líder si haces mal uso de ellas.

«Por lo tanto, si alguien piensa que está firme, tenga cuidado de no caer».[1]

«El poder corrompe, y el poder absoluto corrompe de manera absoluta».

Solo hace falta recorrer los titulares de las noticias para ver lo destructoras que pueden ser las tentaciones asociadas al liderazgo. Los conflictos de intereses y el mal uso de los privilegios les han causado problemas a muchas personas a lo largo de toda la historia, y los siguen causando hoy. Lord Acton dijo en una ocasión: «El poder corrompe, y el poder absoluto corrompe de manera absoluta».

Lo bueno en todo esto, es que cuando llega la tentación, Dios nos proporciona un antídoto. El líder sabio las estudia, las reconoce y les aplica el antídoto.

Cuando llegamos al versículo catorce del quinto capítulo de Nehemías, este lleva doce años en el puesto de gobernador de Judá. Los que estuvieron antes que él, dice, hicieron mal uso de su poder, privilegios y posiciones para favorecer sus propias ganancias egoístas.

LAS TRES TENTACIONES DEL LIDERAZGO

1. Te sentirás tentado a hacer mal uso de tu posición.

«En cambio, los gobernadores que me precedieron habían impuesto cargas sobre el pueblo, y cada día les habían exigido comida y vino por un valor de cuarenta monedas de plata».[2]

Los predecesores de Nehemías habían hecho unas exigencias poco realistas. Le cobraban al pueblo unos impuestos excesivos, le ponían unas cargas injustas y no tenían comprensión alguna por su situación. Aquellos hombres habían abusado de su posición.

Tal vez tú hayas visto suceder esto: Alguien que tú conoces en tu trabajo —alguien con quien tú estuviste almorzando y haciendo bromas ayer mismo— recibe un ascenso, y de repente se convierte en un pequeño dictador. El poder lo transforma. De repente, comienza a tratar con menosprecio a los demás. Comienza a hacer unas exigencias excesivas que desmoralizan a la gente. El poder adquirido repentinamente puede hacer que esto pase.

2. Te sentirás tentado a abusar de tu poder.

«También sus criados oprimían al pueblo».[3]

Aquellos dictadorzuelos habían adoptado el estilo de vida de los líderes opresores. Eran unos autócratas. Hasta sus criados, dice, se habían convertido en pequeños déspotas. Estaban haciendo un uso abiertamente incorrecto de su poder.

Hay una diferencia entre ser jefe y ser líder. Aquellas personas habían sido colocadas en puestos de liderazgo, pero después habían hecho mal uso de su puesto y abusado de su poder. A nadie le gusta trabajar para un líder dominante; una persona cuyas palabras favoritas son: «¡Hágalo porque yo le digo que lo haga!» Los tiranos exigen sin nunca explicar.

> *Hay una diferencia entre ser jefe y ser líder.*

El liderazgo no es señorío.

3. Te sentirás tentado a sacar ganancia de tus privilegios.

Cuando Nehemías se refiere al «impuesto que me correspondía como gobernador», nos da a entender que el gobernador tenía una especie de cuenta ilimitada para sus gastos. Sin duda, la comida le era ofrecida al que se hallaba en aquel puesto como señal de gratitud. Pero sus predecesores habían hecho mal uso de aquel privilegio.

El liderazgo no es señorío.

Por lo general, a los líderes se les paga más, reciben más beneficios adicionales y se les concede más libertad en su calendario de trabajo y su cuenta de gastos. El liderazgo tiene sus privilegios, pero hay mucha gente que no sabe cómo manejar todo esto.

«En cambio yo, por temor a Dios, no hice eso».[4]

Nehemías era un líder fuera de lo común. No era conformista, y no seguía los esquemas que se esperaba que siguiera. ¿Qué lo hacía tan distinto a sus predecesores?

«Desde el año veinte del reinado de Artajerjes, cuando fui designado gobernador de la tierra de Judá, hasta el año treinta y dos, es decir, durante doce años, ni mis hermanos ni yo utilizamos el impuesto que me correspondía como gobernador».[5]

Durante el período en que Nehemías fue gobernador, vemos los siguientes datos acerca de él: Nunca recibió sueldo, nunca usó una cuenta de gastos, se negó a exigir impuestos, se negó a comprar terrenos para obtener ganancias, les pagaba a sus criados de sus propios ingresos personales para que hicieran trabajos públicos, y alimentaba a diario a más de ciento cincuenta personas con sus propios fondos personales. Básicamente, Nehemías está diciendo: «No tomé dinero alguno, ni gané nada». ¿Cuántos políticos te vienen a la mente que rechazarían voluntariamente la oportunidad de obtener ganancias materiales?

¿Cuál era el secreto de Nehemías? ¿Qué hizo que no abusara de su poder, de su puesto y de sus privilegios?

La manera de mantener tu integridad como líder

1. Debes hacer más profunda tu reverencia hacia Dios

Nehemías tenía más interés en agradar a Dios, que en agradarse a sí mismo. *«En cambio yo, por temor a Dios, no hice eso»*, dice. ¿Qué significa ese temor reverencial hacia Dios?

En primer lugar, tengo ese temor hacia Dios cuando me doy cuenta de que fue él quien me puso en esta posición de liderazgo. Nehemías nunca había olvidado que había sido Dios quien lo había enviado a Jerusalén con la encomienda de reconstruir los muros.

> *«La exaltación no viene del oriente, ni del occidente ni del sur, sino que es Dios el que juzga: a unos humilla y a otros exalta».*[6]

Los grandes líderes se dan cuenta de que solo son mayordomos. Comprenden que el mundo no es de ellos, ni lo es la iglesia, o su negocio; solo son los gerentes, los mayordomos, los conserjes encargados de las propiedades de Dios. Los ascensos vienen de Dios, y no de la gente. Alguien dijo en una ocasión: «No hace falta conocer a los hombres clave, si se conoce al hombre que tiene las llaves».

En segundo lugar, tengo temor reverencial hacia Dios cuando comprendo que él me va a pedir cuentas. Nehemías retó a los que estaban abusando de sus vecinos, preguntándoles: *«¿No deberían mostrar la debida reverencia a nuestro Dios...?»*

La Biblia dice que *«el principio de la sabiduría es el temor del Señor».*[7]

Los ascensos vienen de Dios, y no de la gente. Alguien dijo en una ocasión: «No hace falta conocer a los hombres clave, si se conoce al hombre que tiene las llaves».

Una de las razones por las que tantas personas piensan que se pueden salir con la suya y seguir haciendo lo que no deben, es que no tienen temor de Dios. Piensan que pueden jugar con el fuego y salir airosos.

> «*Obedezcan a sus dirigentes y sométanse a ellos, pues cuidan de ustedes como quienes tienen que rendir cuentas. Obedézcanlos a fin de que ellos cumplan su tarea con alegría y sin quejarse, pues el quejarse no les trae ningún provecho*».[8]

Este versículo me asusta. ¿No te asusta a ti? ¡Debería hacerlo! Dios me va a juzgar a mí, y también te va a juzgar a ti. No hay autoridad dada por Dios que no venga acompañada de responsabilidad. La Biblia dice que los pastores y los líderes tendrán que rendirle cuentas a Dios.

> «*Hermanos míos, no pretendan muchos de ustedes ser maestros, pues, como saben, seremos juzgados con más severidad*».[9]

Eso es lo que significa tener temor reverencial hacia Dios. Lo reverenciamos cuando le decimos: «Tú me pusiste aquí, y me vas a pedir cuentas de lo que haga con ese privilegio». El líder debe guardar reverencia hacia Dios a base de mantener un profundo respeto hacia él.

2. Desarrolla el amor por la gente

> «*A mi mesa se sentaban ciento cincuenta hombres, entre judíos y oficiales, sin contar a los que llegaban de países vecinos. Era tarea de todos los días preparar un buey, seis ovejas escogidas y algunas aves; y cada diez días se traía vino en abundancia. Pero nunca utilicé el impuesto que me correspondía como gobernador, porque ya el pueblo tenía una carga muy pesada*».[10]

Se ve claramente que Nehemías era un hombre muy compasivo y preocupado por los demás. Estimaba genuinamente a la gente. Se enojó cuando unos explotaban a otros, y fue generoso con lo que se le había dado.

Los perdedores se centran en lo que pueden conseguir; los líderes se centran en lo que pueden dar.

> *Los perdedores se centran en lo que pueden conseguir; los líderes se centran en lo que pueden dar.*

> «*Y David los pastoreó con corazón sincero; con mano experta los dirigió*».[11]

Este es uno de los grandes versículos de mi vida. En una paráfrasis bíblica dice: «*Los pastoreó con generosa entrega*». Yo le pido a Dios que me permita pastorear con integridad y con habilidad.

Al estudiar a los líderes, tanto buenos como malos, he hallado que aquellos que abusaban constantemente de su poder, no amaban a su pueblo. Los que abusan del poder no tienen temor reverencial hacia Dios, y no aman a su pueblo.

> «*Así nosotros, por el cariño que les tenemos, nos deleitamos en compartir con ustedes no solo el evangelio de Dios sino también nuestra vida. ¡Tanto llegamos a quererlos!*»[12]

Si tú amas de veras a la gente, no abusas de ella ni haces mal uso de ellas.

> «*Cuando oí sus palabras de protesta, me enojé muchísimo*».[13]

Los que abusan del poder no tienen temor reverencial hacia Dios, y no aman a su pueblo.

Cuando tú ves que hieren a alguien a quien amas, o que abusan de él, ¿te enojas? El enojo de Nehemías sobre las injusticias que había presenciado es evidencia de su amor por el pueblo.

3. Disciplínate para buscar las recompensas eternas

«¡Recuerda, Dios mío, todo lo que he hecho por este pueblo, y favoréceme!»[14]

¿Por qué Nehemías no cayó en los mismos abusos de sus predecesores? ¿Te podría sugerir que esto no sucedió porque su perspectiva era la eterna? No estaba mirando ahora a lo temporal, sino al futuro. Los líderes que estaban abusando de su puesto, de su poder y de sus privilegios, estaban explotando al pueblo. Su único anhelo era adquirir riquezas personales. También vemos esto en nuestro mundo de hoy. Los políticos se pasan la vida explotando al pueblo. De vez en cuando lo admiten, pero solo cuando los descubren. Nehemías dice: «Yo no he hecho nada de eso. Me he disciplinado».

> *Si tú amas de veras a la gente, no abusas de ella ni haces mal uso de ellas.*

«Al contrario, tanto yo como mis criados trabajamos en la reconstrucción de la muralla y no compramos ningún terreno».[15]

Los predecesores de Nehemías se habían aprovechado de los tiempos difíciles para adquirir ganancias personales. Estaban usando su puesto y sus privilegios para asegurarse su propia posición. Nehemías dice: «Yo no hice eso». Piénsalo: con los impuestos a los que tenía derecho, habría podido hacer unos cuantos negocios muy buenos en bienes raíces. Al igual que aquellos que habían pasado por allí antes que él, habría podido decir: «Si me dan sus tierras, yo les daré comida». Una vez edificados los muros, el precio de las tierras habría subido inmensamente, a causa del aumento en la seguridad. Pero Nehemías no hizo eso. Él tenía temor reverencial por el Señor. Amaba al pueblo. Tenía los ojos puestos en una recompensa futura.

Nehemías se había disciplinado a base de limitarse sus propias libertades. Mientras más alto llegas en el liderazgo, menos libertad tendrás. Más se les exige a los líderes. Mientras mayor es tu posición de autoridad, más se espera de ti, más restricciones se te ponen, y en realidad, menos libertad posees. El liderazgo exige mucho.

Mientras más alto llegas en el liderazgo, menos libertad tendrás

«¿No soy libre? ¿No soy apóstol? ¿No he visto a Jesús nuestro Señor? ¿No son ustedes el fruto de mi trabajo en el Señor? Aunque otros no me reconozcan como apóstol, ¡para ustedes sí lo soy! Porque ustedes mismos son el sello de mi apostolado en el Señor. Ésta es mi defensa contra los que me critican: ¿Acaso no tenemos derecho a comer y a beber? ¿No tenemos derecho a viajar acompañados por una esposa creyente, como hacen los demás apóstoles y Cefas y los hermanos del Señor? ¿O es que solo Bernabé y yo estamos obligados a ganarnos la vida con otros trabajos?»[16]

Aquí el principio que rige es que el obrero es digno de su salario. Si una persona te hace a ti algún trabajo, lo justo es que tú le pagues.

El liderazgo exige mucho.

De acuerdo con la ley judía, cuando un buey estaba trillando en círculo el grano para convertirlo en harina, no se le permitía que le pusiera bozal. Se consideraba algo inhumano. Al buey se le permitía que comiera del mismo grano que estaba trillando. Pablo afirma:

«Si hemos sembrado semilla espiritual entre ustedes, ¿será mucho pedir que cosechemos de ustedes lo material?

*Si otros tienen derecho a este sustento de parte de uste-
des, ¿no lo tendremos aun más nosotros?»[17]*

Los que están dedicados por completo al ministerio tienen el
derecho de que se le pague por esa dedicación total. Pablo dice a
continuación:

*«Sin embargo, no ejercimos este derecho, sino que lo
soportamos todo con tal de no crear obstáculo al evan-
gelio de Cristo».[18]*

Porque él entendía el papel que le correspondía como líder,
Pablo estaba dispuesto a limitar su libertad.

*Los perdedores centran la atención en sus derechos; los líderes la
centran en sus responsabilidades.*

Los perdedores dicen: «¡Yo tengo mis derechos!» En cambio,
el líder reconoce: «¡Tengo mis responsabilidades!» Por ser gobernador, Nehemías tenía una gran cantidad de derechos. En este
pasaje se refiere a ellos en dos ocasiones: «Ni mis hermanos ni yo
utilizamos el impuesto que me correspondía como gobernador».
Al ser nombrado gobernador, Nehemías se había convertido en
el hombre más importante de aquellas tierras. Solo era responsable ante el rey Artajerjes directamente, y este se hallaba a mil trescientos kilómetros de distancia. Podemos decir con tranquilidad
que Nehemías no conoció las frustraciones asociadas con la micro
gerencia.

Durante doce años, había sido el hombre más importante de
la nación, sin tener que responder ante nadie. No obstante, no
abusó del poder. Tenía el poder necesario para resistirse ante las
tres tentaciones, porque hacía estas tres cosas:

* Tenía temor reverencial por el Señor.
* Amaba al pueblo.
* Se disciplinaba a sí mismo para mirar hacia las recom-
  pensas de la eternidad.

Era un hombre decidido. Tal como dice en el versículo 16 del capítulo 5, se había consagrado a la obra del Señor. No tenía tiempo para los conflictos de intereses. Estaba comprometido con la labor que Dios le había encomendado. Sabía que tenía que levantar una muralla, no un imperio personal. Enriquecerse no era una de sus prioridades personales.

Si Nehemías hubiera permitido que lo desviara la búsqueda de las riquezas, tal como lo habían hecho los gobernadores anteriores a él, ¿crees que habría podido terminar los muros con tanta rapidez como lo hizo? Él decía: «Dios me encomendó un trabajo, y no he venido aquí para hacer ninguna otra cosa. No voy a desviar mis energías hacia ninguna otra parte».

Yo he conocido pastores que se han dedicado a ventas como trabajo secundario. No ven cuánto tiempo les está tomando esta labor, y después se preguntan por qué su iglesia no está creciendo. Sus intereses están divididos. Las personas no saben si el pastor está haciendo amistad con ellas a fin de ganarlas para el Señor, o a fin de ganarse un nuevo cliente.

Nehemías se había disciplinado en todos los aspectos. ¿Qué motivó a Nehemías a aceptar la responsabilidad por los israelitas de Jerusalén, sin tener sobre sí otra autoridad, más que la de Dios? Yo creo que era el mismo anhelo que había motivado a Moisés. La Palabra nos dice: *«[Moisés] prefirió ser maltratado con el pueblo de Dios a disfrutar de los efímeros placeres del pecado».*[19]

Seamos sinceros: el pecado es algo deleitoso. Es divertido. Si no lo fuera, nadie se sentiría tentado a pecar. Pero la Palabra habla de *«los efímeros placeres del pecado».* Tanto Nehemías como Moisés sabían que hay que pagar un precio por esos efímeros placeres del pecado. Como tenían los ojos puestos en una recompensa futura, prefirieron «ser maltratados con el pueblo de Dios» antes que disfrutar del pecado por un poco de tiempo.

En la historia del mundo hay pocos personajes que hayan tenido mayor potencial para el poder, los privilegios y la posición, que Moisés. Era el segundo hombre en la corte de un faraón sin herederos. Se hallaba en línea directa para suceder al faraón y convertirse en el líder de Egipto, la nación más próspera del mundo en aquellos tiempos. Como tenía los ojos puestos en un premio eterno, dejó voluntariamente todo aquello para guiar a un montón de esclavos a través del desierto. Renunció al poder, la posición y los privilegios; las mismas cosas que la mayoría de nosotros nos pasamos la vida tratando de alcanzar. Sus valores eran los correctos, porque lo era su visión. Mantenía los ojos puestos en la recompensa del futuro.

El líder es tentado a utilizar su liderazgo para obtener ventajas personales. Tú mismo vas a ser tentado. Para poder resistir, necesitas preguntarte constantemente: «¿Por qué estoy haciendo lo que estoy haciendo?»

«Porque Dios no es injusto como para olvidarse de las obras y del amor que, para su gloria, ustedes han mostrado sirviendo a los santos, como lo siguen haciendo».[20]

Piensa en todos los que trabajan tras bambalinas como voluntarios en tu iglesia, o en tu organización. Tal vez nosotros no veamos lo que hacen, pero Dios sí lo ve, y no lo va a olvidar. Cada vez que alguien ayuda al pueblo de Dios, está manifestando que ama a Dios. El trabajo hecho para Dios con un corazón puro donde hay amor, será recompensado en la eternidad. Esa motivación es legítima en el liderazgo. El autor de Hebreos nos está diciendo: «¿Cómo se acumulan tesoros en el cielo? Eso se hace sirviendo aquí en la tierra. Da tu tiempo, tu dinero, tu energía, todo lo que tienes, en nombre del cielo».

Los líderes eficaces se centran en sus responsabilidades y se olvidan de sus derechos.

Los líderes eficaces se centran en sus responsabilidades y se olvidan de sus derechos. He aquí unas palabras clásicas de Pedro para los líderes de las iglesias:

«*A los ancianos que están entre ustedes, yo, que soy anciano como ellos, testigo de los sufrimientos de Cristo y partícipe con ellos de la gloria que se ha de revelar, les ruego esto: cuiden como pastores el rebaño de Dios que está a su cargo, no por obligación ni por ambición de dinero, sino con afán de servir, como Dios quiere. No sean tiranos con los que están a su cuidado, sino sean ejemplos para el rebaño. Así, cuando aparezca el Pastor supremo, ustedes recibirán la inmarcesible corona de gloria*».[21]

El Nuevo Testamento utiliza tres palabras diferentes para hablar de los líderes, y todas aparecen en este mismo pasaje. «Anciano», *presbutes* es la palabra griega de donde viene la palabra «presbiteriano»; esta iglesia llama «ancianos» a sus líderes. «Pastor» que se explica por sí misma. La tercera es «supervisor». Esta es la palabra griega de donde se deriva «episcopal» y significa «supervisor»; los líderes de esa iglesia son llamados «obispos».

¿Cuál es la diferencia entre un anciano, un pastor y un obispo? Ninguna. La Biblia usa tres palabras griegas distintas para referirse a las mismas personas. Pedro usa aquí las tres palabras para asegurarse de captar la atención de todos los líderes. Quiere que comprendan sus responsabilidades, que están descritas en estas palabras. A los ancianos les dice que sean pastores y funcionen como supervisores.

«Anciano» es un término relacionado con la madurez espiritual. No tiene nada que ver con la edad (Timoteo, siendo joven, era el anciano de la iglesia de Éfeso), y sí tiene que ver con la madurez espiritual. A los ancianos les dice que sean pastores. El papel del pastor tiene que ver con la parte de su descripción de labores relacionada con el cuidado de las personas: la ministración, el consejo y el cuidado pastoral. Los «supervisores» tienen que ver con la función administrativa del líder en la iglesia. El líder supervisa la administración, la orientación, la dirección y la gerencia en la iglesia.

Pedro dice que el liderazgo en la iglesia comienza con el reconocimiento de que es el rebaño de Dios. La iglesia es de Dios. A nosotros solo se nos encomienda el liderazgo, la administración de algo que le pertenece a él. Lo mismo es cierto en cuanto a tu negocio, tu familia o tu organización. Los buenos líderes guían a los demás con un corazón ardiente. No son líderes porque tienen que serlo, sino porque están dispuestos a serlo. Están más preocupados por lo que pueden dar, que por lo que pueden conseguir.

> *Una cosa es el liderazgo y otra el señorío.*

Una cosa es el liderazgo y otra el señorío. El verdadero líder no es un dictador, sino que guía por medio de su ejemplo. Como consecuencia, *«cuando aparezca el Pastor supremo, ustedes recibirán la inmarcesible corona de gloria»*.

Disciplínate a ti mismo para buscar las recompensas eternas. No sé tú, pero yo sí quiero una de esas coronas.

A Dios no le agradan los líderes que abusan de su posición, poder y privilegios.

Cuando Dios le dijo a Moisés que le hablara a la roca, Moisés lo que hizo fue golpearla. Abusó de su poder. Como consecuencia, Dios le dijo: «No vas a entrar en la Tierra Prometida».

David abusó de su posición de líder cuando tuvo una aventura con Betsabé. Pagó el precio cuando Dios se llevó al primer hijo de su unión.

Saúl abusó de su posición de líder al hacer lo que Dios le había dicho que no hiciera. Perdió el trono. A lo largo de todo el Antiguo Testamento leemos que cuando los reyes judíos servían al Señor, prosperaban. Cuando comenzaban a abusar de su posición, privilegios y poder, perdían su liderazgo.

¿Te han ascendido alguna vez en el trabajo? ¿Reconoces algunas de estas tentaciones? Como líder, te *sentirás tentado a hacer mal uso de tu posición*. En una ocasión hubo un hombre que se marchó de la iglesia porque quería ser presidente de la Junta... y nosotros no teníamos junta alguna. Estaba más interesado en un puesto, que en el ministerio. Quería ser pez grande en laguna pequeña.

Te *sentirás tentado a abusar de tu poder.* El liderazgo no es señorío. Los líderes no son llamados a ser dictadores tiránicos. Jesús dijo *que quien quisiera ser el mayor de todos, debía estar dispuesto a ser el siervo de todos* en su Palabra.[22]

Te *sentirás tentado a aprovecharte de tus privilegios.* Cuando alguien recibe un ascenso, los demás confían más en él. Por ejemplo, sus horarios se pueden volver más flexibles. Se puede usar ese privilegio para hacer una buena cantidad de trabajo en el día, o se puede aprovechar para marcharse temprano cuando llega el fin de semana. Tal vez se le confíe una cuenta de gastos, o varias cosas más de las cuales va a tener la tentación de abusar. Esto forma parte de lo que es ser líder.

Fue una profunda reverencia por el Señor lo que impidió que Nehemías abusara de su autoridad.

> *«Por tanto, como sabemos lo que es temer al Señor, tratamos de persuadir a todos, aunque para Dios es evidente lo que somos, y espero que también lo sea para la conciencia de ustedes. No buscamos el recomendarnos otra vez a ustedes, sino que les damos una oportunidad de sentirse orgullosos de nosotros, para que tengan con qué responder a los que se dejan llevar por las apariencias y no por lo que hay dentro del corazón».*[23]

Lo que está diciendo Pablo es: «Yo vivo con transparencia delante de ustedes. Todo está a la vista: lo que ven es lo que soy. Y vivo de esta forma, no para impresionarlos a ustedes, sino porque temo al Señor».

Temo lo que el Señor haría si yo abusara del liderazgo de mi iglesia. Ese es un temor santo; un temor que no existe en gran parte del mundo actual. Es una reverencia ante Dios que dice: «Dios me puso aquí, me trajo a este puesto y me va a pedir cuentas. Por tanto, no puedo abusar de esa situación en particular».

La Biblia relata la historia de José, en Génesis 39, cuando la mujer de Potifar le tendió una trampa y él se le escapó. ¿Qué impidió que él cediera ante la tentación que ella le estaba ofreciendo gratuitamente? Que el temor de Dios que tenía José era mayor que el amor a sus propios placeres. Él sabía que si se comportaba así, entristecería a Dios.

> *«Obedezcan a sus dirigentes y sométanse a ellos, pues cuidan de ustedes como quienes tienen que rendir cuentas. Obedézcanlos a fin de que ellos cumplan su tarea con alegría y sin quejarse, pues el quejarse no les trae ningún provecho».*[24]

Si no hay responsabilidad, tampoco hay autoridad.

Si no hay responsabilidad, tampoco hay autoridad. Profundiza en tu reverencia hacia Dios. Comprende que es a él al que le hemos de rendir cuentas. Los líderes son juzgados de una manera más estricta que los seguidores.

Por último, disciplínate para buscar las recompensas eternas. Ten los ojos fijos en el premio que te tiene preparado Dios.

> *«Su señor le respondió: "¡Hiciste bien, siervo bueno y fiel! Has sido fiel en lo poco; te pondré a cargo de mucho más. ¡Ven a compartir la felicidad de tu señor!"».*[25]

Este es uno de los versículos más importantes de la Biblia. Cuando yo llegue al cielo, es lo que quiero que me diga el Señor. ¿Tú no? Mi principal motivación en la vida es que quiero comparecer un día ante Dios y oírlo decir: *«¡Hiciste bien, siervo bueno y fiel!* No fuiste perfecto, pero fiel sí. Hiciste lo mejor que pudiste, y eso era todo lo que yo quería de ti».

Dios no nos llama al éxito. Nos llama a la fidelidad. La consecuencia de un liderazgo fiel es que Él nos encomienda tareas mayores. Cuando llegues al cielo, se te van a dar responsabilidades mayores aun. ¿Sabías que la forma en que tú vivas tu liderazgo aquí en la tierra determina tu potencial de liderazgo en la eternidad? Eso es lo que dice la Biblia. Si has sido fiel en las cosas pequeñas, vas a ser fiel en las cosas grandes. Comparte la felicidad de tu amo. Dios anhela compartir su felicidad contigo y conmigo.

Cuando encuentres líderes que estén abusando de su poder, puedes estar seguro, en primer lugar, de que no tienen reverencia por el Señor; en segundo, de que no aman a la gente, y en tercero, de que están viviendo para el momento, y no para la eternidad.

> *Dios no nos llama al éxito. Nos llama a la fidelidad.*

Señor, necesitamos tu ayuda. Te pido que me ayudes a ser un líder íntegro, como David, pastor con corazón íntegro y manos hábiles. Ayúdanos a todos a ser líderes en los puestos que nos has dado en nuestra familia, nuestra escuela, nuestro negocio, nuestro grupo pequeño, o dondequiera que nos hayas llamado. Queremos guiar con integridad y esfuerzo, trabajando duro, y necesitamos tu ayuda para hacerlo. Ayúdanos a ser líderes con prioridades, y a estar más preocupados por la edificación de tu reino, que por nuestro propio imperio o nuestras riquezas, posiciones o privilegios personales. Ayúdanos a ser líderes generosos.

Nos has mostrado lo generoso que fue Nehemías. Alimentaba personalmente a ciento cincuenta cada día, lo pagaba todo con su dinero y nunca pidió nada a cambio. Ayúdanos a ser personas generosas, como él. Ayúdanos a ser líderes auténticos; a ser como Pablo. Y sobre todo, ayúdanos a ser líderes con la eternidad en perspectiva; a darnos cuenta de que vamos a pasar más tiempo contigo en la eternidad, que en esta vida.

Cuando nos pongas en posiciones de privilegio, poder o preeminencia, no dejes que caigamos presa de esas tentaciones. Haznos como Nehemías, hombres o mujeres íntegros. Eso es lo que te pedimos en el nombre de Jesús. Amén.

Guía para la aplicación del principio
del capítulo 8

Las tentaciones del liderazgo

Aplicando los propósitos de Dios

Comunión — Luchar con la tentación puede ser más fácil en compañía que solo.
- ¿En qué área te sientes más tentado a abusar de tu poder como líder?
- ¿Cómo un Grupo Pequeño o incluso un socio de confianza puede ayudarte a identificar esta área de vulnerabilidad para desarrollar un carácter más reverente?
- Considera recibir esta ayuda; pídele a Dios que te de la valentía para ser el líder que El quiere que seas.

Discipulado — Como líder, nada es más importante que ser una persona íntegra. Siempre tenemos que hacer lo correcto, y eso no es fácil. Hasta los líderes necesitan héroes: los modelos correctos a seguir.
- En toda la historia, solo hay una persona que siempre hizo lo correcto y tuvo éxito, ¿quién es esa persona?
- ¿Cómo al conocer mejor al Señor fortalecemos nuestra integridad de líderes?
- ¿Qué harás como resultado de este capítulo para cerciorarte de que estás siguiendo las huellas de su Líder?

Ministerio — Nehemías fue capaz de pedirle a Dios que le favorezca por todo lo que él había hecho por su pueblo.
- ¿Podrías hacer la misma demanda?
- ¿Cómo puedes evitar o resistir la tentación de abusar de tu posición de líder?
- ¿Cómo en tu rol como ministro puedes ayudar a otros?
- Nunca es tarde para ser un líder como Nehemías. Pídele a Dios que te de Su amor para aquellos que diriges. Recuerda que Dios quiere que seas Su clase de líder. El pasado quedó atrás. Sé como Nehemías, aprende del pasado para mirar al futuro.

Evangelismo — En ningún otro aspecto el liderazgo puede tener más peso eterno que en nuestra habilidad de atraer a otros a Cristo.
- La gente nos mira, si caemos, ¿qué dirá eso de Dios?
- Date cuenta de que como líder, tu desempeño puede impactar a otros para la eternidad. ¿Cómo afecta esto las decisiones y elecciones que tú haces?
- Las decisiones que tomas puede que no afecten tu desempeño, pero el cómo lideras tiene mucho que ver con la forma en la que otros ven a Cristo en ti.
- ¿Qué cambios debes hacer para asegurarte que reflejas al Dios de amor?

Adoración — El temor a Dios es la clave para evitar las tentaciones del liderazgo. Esto se refleja en las palabras de Nehemías en el versículo 15: *«En cambio yo, por temor a Dios, no hice eso»*.
- ¿Reconoces que la mano de Dios te colocó donde estás?

- ¿Te das cuenta de que Él te apoya con responsabilidad en el rol que te asignó?
- ¿Te gustaría escuchar a Dios decir: "Bien hecho, mi buen y fiel siervo"?
- ¿Deseas agradar a Dios o a ti mismo? No es una pregunta fácil. ¿Qué puedes hacer para asegurarte que escucharás y obedecerás la voz de Dios la próxima vez que te veas tentado a abusar de tu posición?

PUNTOS DE REFLEXIÓN:

Nehemías renunció a la riqueza, poder y posición influyente en la corte del rey para poder guiar a aquellos que reconstruían la muralla de Jerusalén. Él tenía sus valores muy claros, ya que su visión estaba enfocada en Dios —no en sí mismo-. Esta fue la clave para sobrellevar la tentación. ¿Cuál de los pasos que has leído en este capítulo te han impactado más? Pregúntale a Dios cómo Él quiere que mejores en este área. Recuerda el capítulo 3, haz un plan para trabajar en tus debilidades personales y convertirlas en fortalezas.

"... Porque Dios no es injusto como para olvidarse de las obras
y del amor que, para Su gloria, ustedes han mostrado sirviendo
a los santos, como lo siguen haciendo."
HEBREOS 6:10

¿Qué clase de líder quieres llegar a ser? ¿Estás llamándole a Dios para algo extraordinario? En el próximo capítulo, echemos un vistazo a los secretos de los líderes súper-victoriosos.

9

LOS SECRETOS DE
LOS EXITOSOS

«La muralla se terminó el día veinticinco del
mes de Elul. Su reconstrucción había durado
cincuenta y dos días».[1]

¿Cuál era el secreto de Nehemías? ¿Cómo pudo levantar en cincuenta y dos días unos muros que llevaban décadas derrumbados y descuidados? ¡No darse por vencido! Siguió trabajando hasta terminarlos.

Como estudiamos antes, Nehemías se enfrentó a una gran oposición contra la reconstrucción de la muralla. Sambalat, Tobías y Guesén utilizaron la división, el desaliento y la discordia en su intento por detener el proyecto. Cuando aquello no funcionó, probaron con la burla y la intimidación. Ahora que hemos llegado al capítulo seis de Nehemías, lo único que quedaba por hacer era poner las puertas. El muro estaba casi terminado. Los enemigos de Nehemías se estaban desesperando.

LIDERAZGO CON PROPÓSITO

Si Nehemías hubiera escrito un libro que se llamara *Cómo terminar un proyecto en un tiempo récord*, es posible que dijera algo como esto:

> «*Sambalat, Tobías, Guesén el árabe y el resto de nuestros enemigos se enteraron de que yo había reconstruido la muralla, y de que se habían cerrado las brechas (aunque todavía no se habían puesto las puertas en su sitio). Entonces Sambalat y Guesén me enviaron este mensaje: ‹Tenemos que reunirnos contigo en alguna de las poblaciones del valle de Ono.› En realidad, lo que planeaban era hacerme daño. Así que envié unos mensajeros a decirles: ‹Estoy ocupado en una gran obra, y no puedo ir. Si bajara yo a reunirme con ustedes, la obra se vería interrumpida.› Cuatro veces me enviaron este mensaje, y otras tantas les respondí lo mismo».*[2]

Nehemías no se dio por vencido.

A sus enemigos les quedaban unas cuantas cartas por jugar, pero Nehemías estaba listo para hacerles frente. Si tú quieres hacer las cosas pronto y bien, tienes que hacer tres cosas:

1. Sigue trabajando a pesar de las distracciones

Sambalat, Tobías y Guesén trataron de desviar a Nehemías. Le sugirieron que se celebrara una conferencia de paz. ¿Qué tenía eso de malo? Vamos a reunirnos para discutir la forma de entendernos todos. Pero Nehemías estaba enfocado. «Estoy llevando a cabo un gran proyecto», les dijo, «y no puedo bajar». Estaba decidido a no dejarse distraer mientras no se hubiera terminado la muralla.

El tiempo de las discusiones ya pasó. Ahora es tiempo de trabajar.

¿Has conocido alguna vez a alguien que quiere hablar más que trabajar? ¿Gente que te da conversación para que dejes de trabajar?

Muchos proyectos no se han terminado nunca porque han sido asignados a un comité, y hasta ahí han llegado. La burocracia amarra al progreso. Evítala si te es posible.

> La burocracia amarra al progreso. Evítala si te es posible.

Más aun, aquellos engañadores estaban amenazando la vida de Nehemías. Todos sus años como copero del rey le hicieron discernir que se trataba de un intento de asesinato. Sabía que si se iba para reunirse con ellos, lo podrían secuestrar. Vio las malas intenciones que se escondían detrás de su petición.

Él sabía que una interrupción atrasaría el proyecto. «¿Por qué me habría de detener para bajar hasta donde están ustedes, cuando la obra aún no está terminada?», les dijo. Sabía que en realidad, lo que querían era detener la reconstrucción de los muros. Descubrió su engaño.

Lo principal es mantener como principal lo que es principal.

Nehemías terminó en un tiempo récord, porque no permitió que nada lo distrajera. Mantuvo los ojos fijos en su meta. Cuatro veces trataron de detener o retrasar su labor. Cada una de aquellas veces, Nehemías dijo «no».

2. Sigue trabajando a pesar de la difamación

> «*La quinta vez Sambalat me envió, por medio de uno de sus siervos, el mismo mensaje en una carta abierta, que a la letra decía: ‹Corre el rumor entre la gente y Guesén lo asegura de que tú y los judíos están construyendo la muralla porque tienen planes de rebelarse. Según tal rumor, tú pretendes ser su rey, y has nombrado profetas para que te proclamen rey en Jerusalén, y se declare: ¡Tenemos rey en Judá! Por eso, ven y hablemos de este asunto, antes de que todo esto llegue a oídos del rey.› Yo envié a decirle: ‹Nada de lo que dices es*

cierto. Todo esto es pura invención tuya.› En realidad,
lo que pretendían era asustarnos. Pensaban desani-
marnos, para que no termináramos la obra».³

> *Lo principal es*
> *mantener como principal*
> *lo que es principal.*

Trataron de calumniar a Nehemías; de desacreditarlo. «Todo lo que pasa es que tú quieres levantar un imperio», lo acusaron. «Nosotros sabemos lo que estás haciendo». Desafiaron su motivación y lo acusaron de rebelarse contra el rey. Entonces, cuando le enviaron la carta, no la sellaron con toda intención, para que cualquiera la pudiera leer. Querían que se hiciera pública, como las cartas al editor. La finalidad era agitar rumores y sospechas contra Nehemías.

Si tienes grandes metas, te van a criticar. Tal vez incluso te denigren personas que están celosas por lo que estás haciendo. Los fracasados odian el éxito.

Jesús fue el hombre más falsamente acusado de la historia. ¿Cómo les respondió a quienes lo calumniaron? ¿Cómo nos pide Jesús que reaccionemos a las calumnias? Esto es lo que nos dice:

> *«Dichosos serán ustedes cuando por mi causa la gente*
> *los insulte, los persiga y levante contra ustedes toda*
> *clase de calumnias. Alégrense y llénense de júbilo, por-*
> *que les espera una gran recompensa en el cielo...».⁴*

¿Sabías que cada vez que calumnias a alguien, estás haciendo la obra del diablo? La palabra «Satanás» significa «calumniador». Esa es su labor. La Biblia dice que Satanás es el acusador de los santos. Nehemías comprendió lo que ellos se traían entre manos.

> *«En realidad, lo que pretendían era asustarnos.*
> *Pensaban desanimarnos, para que no termináramos*
> *la obra».⁵*

¿Alguna vez has tenido que suspender el trabajo que estabas haciendo para defenderte, porque alguien te lo ha criticado? Nehemías dijo: «No voy a caer en esa trampa. No voy a comenzar a responder a los rumores y las insinuaciones. No voy a dejar que me hagan desalentar y echarlo todo a perder».

Los fracasados odian el éxito.

Enfrentarse a las acusaciones falsas es una de las cosas más difíciles que tiene que hacer un líder. Es muy desalentador. Lo que uno quiere es renunciar. Nehemías no estuvo dispuesto a hacer eso. Negó sus acusaciones y oró para pedir fortaleza. Comprendía lo que los motivaba, y no cedió.

Cuando te critiquen, o te acusen falsamente, recuerda a Nehemías. ¡Nunca te dés por vencido!

Lo que hizo Nehemías fue orar. *«Y ahora, Señor, ¡fortalece mis manos!».*[6]

Cuando nos acusan y nos atacan con falsedades, nuestras emociones sufren.

Abraham Lincoln decía: «Si yo tratara de leer —mucho menos responder— todos los ataques lanzados contra mí, tendría que cerrar este negocio. Hago lo mejor, de la mejor forma que sé; lo mejor que puedo. Y así pienso seguirlo haciendo hasta el final. Y si al final resulta que estoy equivocado, entonces el que diez ángeles juren que no lo estoy, no va a servir de nada».

El general MacArthur y Sir Winston Churchill dijeron: «No respondemos a las críticas. No respondemos a la difamación. No respondemos a las acusaciones. Si lo hiciéramos, todo nuestro tiempo estaría dedicado solo a combatir ataques».

Henry Ward Beecher dijo: «La vida sería una verdadera caza de pulgas si al ser humano se le exigiera que derribara todas las insinuaciones y acusaciones veladas acerca de él, y la falsía que se lanzan en su contra».

Ser líder significa darnos cuenta de que habrá personas y cosas que tratarán de apartar nuestros ojos de la meta.

> *O te pasas todo el tiempo luchando contra las críticas, o sigues trabajando en el muro. Elige.*

Es posible que digan algo que te hiera y te difame. Cuando eso suceda, tendrás que decidir: O te pasas todo el tiempo luchando contra las críticas, o sigues trabajando en el muro. Elige.

Nehemías dijo: «Yo voy a seguir trabajando en el muro». Por eso, después de cincuenta y dos días, el muro estaba acabado. No cedió ante las distracciones ni la difamación. Sabía lo que tenía en mente su enemigo, y no estuvo dispuesto a ceder.

3. Sigue trabajando a pesar del peligro

«Fui entonces a la casa de Semaías, hijo de Delaías y nieto de Mehitabel, que se había encerrado en su casa. Él me dijo: "Reunámonos a puerta cerrada en la casa de Dios, en el interior del templo, porque vendrán a matarte. ¡Sí, esta noche te quitarán la vida!" Pero yo le respondí: ¡Yo no soy de los que huyen! ¡Los hombres como yo no corren a esconderse en el templo para salvar la vida! ¡No me esconderé! Y es que me di cuenta de que Dios no lo había enviado, sino que se las daba de profeta porque Sambalat y Tobías lo habían sobornado. En efecto, le habían pagado para intimidarme y hacerme pecar siguiendo su consejo. De este modo podrían hablar mal de mí y desprestigiarme. "¡Dios mío, recuerda las intrigas de Sambalat y Tobías! ¡Recuerda también a la profetisa Noadías y a los otros profetas que quisieron intimidarme!"»[7]

Ahora, aquellos empecinados enemigos están tratando de asustar a Nehemías. Quieren que crea que su vida está en peligro. Compran al sacerdote Semaías, amigo de Nehemías, y hacen que vaya a decirle a Nehemías que existe un complot para asesinarlo. De la única manera que estaría seguro, le dijo a Nehemías su falso amigo, sería si corría a esconderse en el Lugar Santísimo del templo. El temor de Dios habría impedido que los asesinos entraran allí. Nehemías respondió en el versículo 11: «*¡Los hombres como yo no corren a esconderse en el templo para salvar la vida! ¡No me esconderé!*» Estaba decidido a seguir trabajando, a pesar del peligro.

¿Qué impidió que Nehemías cediera ante aquella amenaza de muerte?

En primer lugar, él sabía que si lo hacía, iba a quedar como un cobarde. «*¡Los hombres como yo no corren a esconderse!*» Los líderes no salen huyendo. Nehemías sabía que había otras personas observando sus reacciones.

En segundo lugar, Nehemías era un hombre perspicaz, y supo que aquel consejo no venía del Señor. En el versículo 12 dice: «*Y es que me di cuenta de que Dios no lo había enviado*». Muchas personas que dicen estar trabajando para Dios, en realidad están trabajando para el enemigo. Tal vez hasta sean amigos o parientes tuyos. Es posible que no estén conscientes de que el enemigo los está usando, pero te dan consejos para su propio beneficio, y que no provienen de Dios.

En este caso, Nehemías reconoció que había una agenda escondida. Supo que el consejo no procedía de Dios.

Yo he tenido el caso de personas que han asistido a la iglesia Saddleback y unas cuantas veces han pedido una reunión conmigo. Me ofrecen un plan para cambiar la iglesia, o me presentan una nueva estrategia, y todo porque «Dios les dijo que me lo dijeran». Cuando terminan, yo les respondo: «Es interesante. Yo acabo de hablar con Dios esta mañana, y él no me dijo nada de esto». Yo tengo la costumbre de hablar con Dios. Si él tiene un plan nuevo para la iglesia Saddleback, estoy dispuesto a que me lo comunique.

Tú necesitas estar en comunicación constante con Dios también, para que nadie te pueda engañar con un «mensaje secreto de Dios». Sí, a veces Dios usa a otras personas para darnos su mensaje, pero necesitamos mantenernos alerta, ya que no siempre es cierto.

«En efecto, le habían pagado para intimidarme y hacerme pecar siguiendo su consejo. De este modo podrían hablar mal de mí y desprestigiarme».[8]

Si Nehemías corría a esconderse en el templo, aquello pondría en peligro su integridad. Era contrario a la ley que alguien que no fuera sacerdote entrara al Lugar Santísimo. El castigo para el que quebrantara aquella ley era la muerte. Nehemías lo sabía.

Nunca permitas que el miedo te haga quebrantar una de las leyes de Dios. Eso es precisamente lo que tus enemigos quieren que hagas. Si no te pueden asustar para que renuncies a todo, van a tratar de presionarte para que desobedezcas a Dios, y así pierdas tu eficacia. Esos son los últimos intentos desesperados de los enemigos, y las mismas cosas que van a suceder en tu vida si te encuentras en alguna posición de liderazgo.

Intentaran lo que intentaran sus enemigos, Nehemías se siguió negando a abandonarlo todo. Como consecuencia, *«la muralla fue construida en cincuenta y dos días».* Algo sencillamente asombroso.

> *Tú necesitas estar en comunicación constante con Dios también, para que nadie te pueda engañar con un «mensaje secreto de Dios».*

Los arqueólogos han desenterrado una parte del muro de Nehemías que tiene unos tres metros de un lado a otro, por tres y medio de ancho. Imagínate esto: después de miles de años, siguen con nosotros las evidencias de la fidelidad y la perseverancia de Nehemías para que podamos verlas. ¿Qué evidencias vas a dejar tú para que otros las encuentren? ¿Cómo van a saber las generaciones futuras que tú fuiste fiel a Dios? Esto es algo que vale la pena pensar.

«Cuando todos nuestros enemigos se enteraron de esto, las naciones vecinas se sintieron humilladas, pues reconocieron que ese trabajo se había hecho con la ayuda de nuestro Dios».[9]

Los muros estaban terminados, y ahora la situación se había invertido. Los judíos ya no se sentían desalentados, deprimidos o temerosos. Ahora Jerusalén era una ciudad fortificada. Ahora, ¿quién era el que tenía miedo? El enemigo. Había perdido su seguridad.

Nunca permitas que el miedo te haga quebrantar una de las leyes de Dios.

Cuando el enemigo no puede detener el proyecto, se lanza a matar. Pone al líder en la mirilla, como vemos en el capítulo seis de Nehemías.

En el fútbol, uno de los principales objetivos de la defensa es eliminar al que dirige la ofensiva en el equipo contrario. Si lo puede eliminar, hay grandes probabilidades de que gane el partido, así que se lanza a eliminarlo.

Todo se edifica o se derrumba con el liderazgo. No hay organización, ministerio, iglesia, familia, escuela o negocio que pueda ir más lejos del punto al que lo lleven sus líderes. Si todo se levanta o cae con el líder, entonces la forma más rápida que tiene un enemigo de detener todo esfuerzo, es neutralizar al líder. La forma más rápida de detener a un movimiento es eliminar a su líder. Jesús dijo que cuando se quita al pastor, se esparcen las ovejas. Eso sigue siendo cierto hoy. Cuando Satanás quiere dejar lisiada una iglesia, ataca a sus líderes. Y no se detiene en el pastor y el resto del personal, sino que va derecho a perseguir a los líderes laicos.

Como líder, tú necesitas darte cuenta de esta táctica. Hay gente a la que tú no le vas a gustar. No quieren que triunfes, así que te atacarán. Hay quienes harían lo que fuera necesario para hacerte fracasar. La forma en que tú te enfrentes a esos ataques personales determina la clase de líder que eres.

¿Cómo van a saber las generaciones futuras que tú fuiste fiel a Dios? Esto es algo que vale la pena pensar.

La forma en que tú te enfrentes a esos ataques personales determina la clase de líder que eres.

Una de las lecciones básicas de Nehemías es que los líderes son esenciales en todo proyecto. Con los líderes que necesitaban, pudieron lograr en cincuenta y dos días algo que durante ochenta años la gente había estado diciendo que no se podría hacer. Con el catalizador correcto, los planes entran en acción.

¿Qué clase de persona hace falta para echar adelante un proyecto de importancia? ¿Qué clase de persona hace falta para lograr lo imposible? ¿Qué necesitas tú como líder para triunfar frente a las distracciones, la difamación y el peligro? He aquí las respuestas de Dios a partir del ejemplo de Nehemías.

1. El líder necesita un propósito impulsor

Este es el primer elemento del liderazgo. Tú necesitas una causa. Una visión. Un sueño. Un objetivo. Una meta. El propósito impulsor es lo que te va empujando hacia esa meta. No te guía, sino que te arrastra. Tú necesitas un propósito impulsor.

La sensación de tener un propósito impulsor, que era su gran proyecto, fue la que capacitó a Nehemías para resistirse a las distracciones, cuando sus enemigos le sugirieron que descansara de su trabajo por un momento. Nehemías era un hombre resuelto. Su capacidad de concentración fue una de las razones primordiales por las cuales los que estaban edificando los muros lograron lo imposible en solo cincuenta y dos días. Nehemías conocía la forma de mantener en el puesto principal aquello que era lo principal.

¿Cuál es el propósito impulsor de tu vida? ¿Qué te saca de la cama todos los días? ¿Qué te motiva a vivir el resto de tu vida? Tiene que ser algo más que el afán de hacer dinero; de lo contrario se puede esfumar muy pronto y te va a dejar con las manos vacías.

Mientras no descubras un propósito impulsor para tu vida, todo lo que estás haciendo es existir. Nehemías dijo: «¡Tengo un gran proyecto!» ¿Qué dices tú? ¿Por qué cosa estás cambiando tu vida?

Jesús dijo: «*¿Qué se puede dar a cambio de tu alma?*»[10] Cuando das tu tiempo para algo, estás invirtiendo tu propia vida en ello. Eso es la vida: el tiempo que pasas en la tierra.

> *Mientras no descubras un propósito impulsor para tu vida, todo lo que estás haciendo es existir.*

Nosotros tenemos tendencia a pensar que la cosa más importante que le podemos dar a la gente es nuestro dinero. Sin embargo, el dinero se puede reemplazar. En cambio, el tiempo es irremplazable. En primer lugar, la característica de un gran líder es que tiene un propósito impulsor; una meta que lo supera todo, mueve su vida y lo mantiene luchando. Pablo dice: «*El amor de Cristo nos obliga*».[11]

Las grandes vidas son producidas por un compromiso con una gran causa. Esa causa es la que los saca afuera de ellos mismos. Los impulsa a hacer y llegar a ser más de lo que habrían podido ser por sí solos. Todos necesitamos tener un propósito impulsor para nuestra vida.

Te reto a que el mayor de los propósitos impulsores de tu vida, la mayor de las causas por las cuales puedes entregar tu vida, sea el reino de Dios. No hay mejor manera de invertir tu vida. El reino de Dios va a durar por toda la eternidad. La mayoría de las cosas en las que gastamos el tiempo no duran ni veinte años. Te desafío a decidirte ahora mismo, tanto si te quedaran cinco años sobre la tierra, como si te quedaran cincuenta, a invertirlos en el reino de Dios.

> *Las grandes vidas son producidas por un compromiso con una gran causa.*

En la iglesia Saddleback tenemos una declaración de propósito:

*«Un gran compromiso con el Gran Mandamiento y la
Gran Comisión construirá una gran iglesia».*

¿Cuál es tu declaración de propósito? Cada vida debe tener
una. Esa proclamación define el propósito impulsor de nuestra
vida. Si nunca has escrito una, ¿por qué no hacerlo ahora mismo?
Adelante. Deja el libro por un momento. Yo te voy a esperar.

En una ocasión hubo alguien que le pidió a Jesús que resu-
miera la Biblia. Esta fue la respuesta:

*«Ama al Señor tu Dios con todo tu corazón, con toda
tu alma y con toda tu mente — le respondió Jesús—.
Éste es el primero y el más importante de los mandamientos. El segundo se parece a éste: Ama a tu prójimo
como a ti mismo. De estos dos mandamientos dependen
toda la ley y los profetas».*[12]

Sus últimas palabras a la iglesia antes de regresar al cielo fueron:

*«Por tanto, vayan y hagan discípulos de todas las
naciones, bautizándolos en el nombre del Padre y del
Hijo y del Espíritu Santo, enseñándoles a obedecer todo
lo que les he mandado a ustedes. Y les aseguro que esta-
ré con ustedes siempre, hasta el fin del mundo».*[13]

Esas dos declaraciones de Jesús, conocidas como el Gran
Mandamiento y la Gran Comisión, resumen todo lo que debe
hacer la iglesia y nuestra vida. Cuando nosotros hacemos esas
cosas, cuado amamos a Dios con todo el corazón (adoración),
amamos a nuestro prójimo como a nosotros mismos (confrater-
nidad y ministerio), vamos a hacer discípulos (evangelismo), los
traemos a la familia de Dios (compañerismo) y les enseñamos a
observar todas esas cosas (discipulado), estamos realizando los
cinco propósitos por los que existe la Iglesia.

Una gran entrega al Gran Mandamiento y a la Gran Comisión va a edificar una gran iglesia.

Cuando fundé la iglesia de Saddleback, le pedí a Dios: «Señor, dame nuestra razón de ser en una sola frase». Esa es la frase que él me dio. Es la clave, no solo de una gran iglesia, sino de lo que es ser un gran

> Una gran entrega al Gran Mandamiento y a la Gran Comisión va a edificar una gran iglesia.

cristiano. Si ese es el anhelo de tu corazón; si quieres que tu vida cuente para algo, ten un propósito impulsor. Invierte tu vida en esas cinco cosas: amar a Dios, amar a tu prójimo como a ti mismo, ir a hacer discípulos, ayudar a las personas para que lleguen a conocer a Cristo y enseñarles a crecer en Cristo. No hay causa mayor que esta.

Lamentablemente, son muchas las personas que se desvían de su propósito impulsor. El refrán lo dice: «Al que no está firme en algo, cualquier cosa lo tumba».

2. El líder necesita una perspectiva clara

Nehemías tenía un discernimiento increíble; era casi como un radar espiritual. Cada vez que le tendían una trampa, se daba cuenta. Cada vez que sucedía, lo olfateaba. En el versículo dos del capítulo seis, sus enemigos lo han invitado para que salga a hablar. Pero Nehemías discernió cuál era su verdadera intención. *«Están tramando algo para hacerme daño».* ¿Cómo lo supo? Era sagaz. Tenía discernimiento.

Más tarde, cuando lo acusaron de tratarse de hacer rey y rebelarse contra Artajerjes, dijo: *«En realidad, lo que pretendían era asustarnos».* Puso al descubierto los verdaderos motivos de sus enemigos. Cuando aquel falso amigo le dijo: *«Ven a esconderte en el templo»,* se dio cuenta de que no era Dios quien lo había enviado. Tenía una aguda capacidad de percepción. Presentía que se trataba de una trampa.

> «Al que no está firme en algo, cualquier cosa lo tumba».

Como líder, necesitas tener percepción. Esto es llamado también sabiduría. ¿Cómo se adquiere? La Biblia nos dice: «*Si a alguno de ustedes le falta sabiduría, pídasela a Dios*»[14] Cuando uno pasa tiempo con la Palabra de Dios, comienza a recibir la mente de Cristo. Así es como nos convertimos en líderes más lúcidos. No nos dejamos engañar por cuanta cosa se nos cruza en el camino, porque estamos aprendiendo a pensar como Jesús.

El temor nubla nuestra percepción. Nehemías dijo: «Pase lo que pase, yo sigo adelante». Podemos definir el temor como el hecho de que las falsas evidencias nos parezcan reales. Creemos que algo nos va a hacer daño, pero no es así. Dios sigue teniendo el control de todo, y nos va a ayudar.

El líder necesita un propósito impulsor y una perspectiva clara.

3. El líder necesita una vida de oración continua

Casi podemos calificar a Nehemías de adicto a la oración. Su primera reacción ante cualquier cosa era orar. Pasara lo que pasara, eso era lo primero que hacía. Cuando te estén difamando, también es eso lo primero que debes hacer. En lugar de incomodarte con la persona, háblalo con Dios. Nehemías no se puso a la defensiva, ni tampoco se vengó cuando sus enemigos comenzaron a levantar falsas acusaciones en su contra. Se limitó a decir: «Eso no es cierto», y a orar. Eso es todo lo que tú también necesitas hacer. Si te están acusando falsamente como líder, limítate a decir: «Eso no es cierto». No tienes que montar una gigantesca defensa. Solo di: «No es cierto», y después ve a hablar con Dios.

> «*Jesús les contó a sus discípulos una parábola para mostrarles que debían orar siempre, sin desanimarse*».[15]

En la vida, siempre estamos haciendo una cosa o la otra. O bien oramos, o bien nos desalentamos. Cuando estamos bajo presión, oramos o entramos en pánico. Necesitamos una vida de oración continua.

4. El líder necesita una perseverancia intrépida

Una de las grandes claves de todo éxito es la capacidad para seguir adelante. Pura tenacidad. Seguir haciendo lo que Dios quiere que hagamos. Si tú estudiaras todos los mensajes que Dios me ha dado a lo largo de los años, verías que básicamente, tengo dos temas: Uno es para los no creyentes y el otro es para los creyentes. Para los no creyentes, mi tema es: «Dios se interesa en ti. Tú eres importante para él». Lo digo de muchas formas distintas. Para los creyentes, mi mensaje básico es «¡No te desanimes!» Todos nos fatigamos en la batalla diaria. El mensaje de Dios es este: «¡No te desanimes!» Tú necesitas tener una perseverancia intrépida.

El valor no consiste en la ausencia de temor. El valor consiste en seguir adelante, a pesar del temor. La falta de temor no significa que seamos personas valerosas; tal vez podría significar que somos personas tontas. Quizá en realidad tú no sepas cuan seria es la situación. El valor es lo que hace que sigamos adelante, a pesar de nuestro temor. Nehemías dijo: «*No* voy a salir huyendo. Admito que estoy asustado; tengo miedo. Pero estamos llegando a la meta final. Todo lo que nos falta por hacer es poner las puertas. Sé que me quieren matar, pero voy a seguir adelante a pesar de mi temor. No voy a salir huyendo». Nehemías tenía una perseverancia intrépida.

¿Cómo sabes tú que tienes miedo? Tienes miedo cuando sientes un insaciable afán de salir huyendo: de tu trabajo, de tu matrimonio, de una relación, de la casa, y todo porque tienes miedo

> *El valor no consiste en la ausencia de temor. El valor consiste en seguir adelante, a pesar del temor.*

de no poderte enfrentar a las situaciones. Quieres salir corriendo. Eso he aprendido acerca del temor: *nunca* constituye la voluntad de Dios para mí que salga huyendo de una situación difícil. Si lo hago, Dios ya traerá a otra persona después para que me pueda enseñar una lección. Pienso que eso también es cierto con respecto a tu vida. Adelante; enfréntate a la realidad.

> *«No nos cansemos de hacer el bien, porque a su debido tiempo cosecharemos si no nos damos por vencidos».*[16]

Tú necesitas tener un propósito impulsor que domine tanto tu vida, que no haya nada trivial que lo pueda distraer. Hay un juego llamado «Trivial Pursuit» que describe muchas cosas de la vida de la gente. Observa tu vida más de cerca. ¿Dónde está tratando el enemigo de desviarte de lo mejor que Dios tiene para ti? A veces podrá ser difícil discernirlo. Con frecuencia, Satanás usa cosas buenas para apartarnos de las mejores. ¿Qué es lo que está consumiendo tu tiempo y apartándote de aquello que es realmente importante en tu vida? ¿Qué es lo que realmente importa? La Biblia nos lo dice: Amar a Dios y amar a nuestro prójimo como a nosotros mismos; adorar y ministrar. Si tú estás demasiado ocupado para adorar; demasiado agitado para tener unos momentos de tranquilidad diarios, demasiado lleno de cosas para poder ministrar, entonces estás demasiado ocupado. Todas esas actividades que te están distrayendo ahora, no van a tener importancia alguna dentro de unos años. En cambio, lo que estés haciendo por Dios va a durar toda la eternidad. ¿Dónde quieres estar invirtiendo tu tiempo en realidad? Satanás nos atrapa a base de sustituir todo esto por cosas buenas. El tiempo está limitado por las exigencias de la vida. Piensa en lo que necesitas disminuir con el fin de tener tiempo para el ministerio. Haz un tiempo para aquello que Dios quiere que hagas.

> *Con frecuencia, Satanás usa cosas buenas para apartarnos de las mejores.*

¿Cuáles son los secretos de los exitosos? Revisemos la lista una vez más, para estar seguros de que hemos comprendido:

> *Haz un tiempo para aquello que Dios quiere que hagas.*

1.- Una perspectiva clara. ¿Qué nivel de sensibilidad espiritual tienes? ¿Conoces la Palabra lo suficiente como para poder detectar las trampas?

2.- Una vida de oración continua. ¿Cómo anda tu vida de oración? ¿Es continua? ¿Estás orando, o te sientes desalentado?

3.- Una perseverancia intrépida. ¿Hasta qué punto eres perseverante a la hora de cumplir la voluntad de Dios? ¿Has tomado alguna vez esta decisión: «Voy a seguir a Jesús al ciento por ciento, y no me importa ni qué más suceda, ni el precio que haya que pagar, ni lo que tenga que hacer, ni lo que la gente diga de mí, ni las desviaciones o los peligros? Voy a hacer lo que debo hacer»? ¿Te mantienes firme en esa decisión? Si la respuesta es que no, o un «en realidad no me va tan bien», no te des por vencido. Nunca es demasiado tarde para regresar a Dios.

Esas son las características de las personas de éxito. Así fue como Nehemías pudo hacer en cincuenta y dos días lo que el pueblo había dicho durante ochenta años que no se podía hacer. Y así es como tú también vas a poder hacer grandes cosas para Dios.

Una de las grandes lecciones de Nehemías es que todo se levanta o cae según sus líderes. El mundo tiene una urgente necesidad de líderes. Si la iglesia no los está produciendo, ¿adivina quién los va a producir? Te reto a dedicarte por entero al liderazgo.

Repite conmigo esto ahora mismo: «Yo no sé lo que puedo hacer, pero voy a hacer lo que pueda con lo

> *Nunca es demasiado tarde para regresar a Dios.*

La vida no puede llegar a tener un mayor propósito que el de servir al reino de Dios.

que tengo, y lo voy a hacer para Jesucristo hoy. Señor, estoy dispuesto a seguirte donde sea, en el momento que sea, al lugar que sea, y hacer cuanto me pidas. Tal vez no tenga demasiado. Tal vez solo tenga un talento; no cincuenta, o quince, o incluso cinco, pero ese talento que tengo, lo quiero usar para Ti». La vida no puede llegar a tener un mayor propósito que el de servir al reino de Dios.

Te exhorto a decir: «Aunque solo me quede un día, una semana o un año —lo que tú me quieras conceder—, quiero hacer un gran compromiso con el Gran Mandamiento y la Gran Comisión». Si te consagras a esas dos cosas, a hacer lo que dicen esos dos versículos, vas a ser un gran líder. La gente grande no es más que gente común que hace un gran compromiso con una gran causa.

Tal vez necesites decir: «Señor, dame una perspectiva clara. Estoy haciendo demasiadas cosas, y me doy cuenta de que, en realidad, son actividades triviales. Muéstrame qué puedo eliminar para que me quede tiempo para lo verdaderamente importante».

Tal vez te sientas a punto de darte por vencido. Tal vez ni sepas cómo vas a llegar al día de mañana. ¿Quieres orar para que Dios desarrolle en ti una vida de oración continua? ¿Quieres orar

La gente grande no es más que gente común que hace un gran compromiso con una gran causa.

en lugar de desmayar? ¿Le quieres pedir a Dios la intrépida perseverancia de seguir haciendo aquello que sabes que es lo correcto? El valor consiste en seguir adelante, a pesar de tu temor. Algunas veces decimos: «Tengo miedo de involucrarme en el liderazgo. Puedo salir herido. Puedo hacer algo que me haga sentir avergonzado». Sí, es posible. Pero el valor consiste en seguir adelante, a pesar de tus temores, sabiendo que Dios está contigo. Él tiene un gran deseo de usarte; todo lo que hace falta es que tú te dejes usar.

«Señor, toma mi vida. Quiero que me uses». Recuerda el gran sacrificio que Cristo hizo por ti. ¿Acaso no exige esto tu sacrificio más profundo? *«Señor, lo que tú has hecho por mí se merece que te consagre todo cuanto tengo».* ¿Estarías dispuesto a decir eso en tu corazón ahora mismo?

Señor, te pido que levantes una generación de Nehemías entre los que están leyendo este libro. Levanta líderes; líderes piadosos, personas con un propósito impulsor de servir en tu reino; personas que tengan una clara perspectiva de lo que es realmente importante en la vida: una oración continua y una intrépida perseverancia. Te lo pedimos en el nombre de Jesús. Amén.

Guía para la aplicación del principio
del capítulo 9

Los secretos de los exitosos

Aplicando los propósitos de Dios

Comunión — Dios no nos ha hecho islas auto-suficientes, nos ha puesto en un cuerpo de creyentes para que nos apoyen en momentos de necesidad.

- ¿Qué pueden hacer los cristianos mejor juntos que separados?
- Como líder, ¿de qué manera tu grupo pequeño, iglesia o amigos cristianos te ayudan a seguir adelante cuando dices "me rindo"?

Discipulado — Cuando tuvo que escoger entre luchar contra la crítica o seguir construyendo su muralla, Nehemías escogió la muralla.

- ¿Quién provocó esa actitud determinante en Nehemías?
- Existen otras personas que observan y aprenden de tu liderazgo y de tu vida. Teniendo esto en cuenta, ¿de quién deberías aprender?
- ¿Qué puedes hacer para tener la certeza de que tu vida es un modelo a seguir?
- En el futuro, tendrás que enfrentarte con críticas que intentarán detener tu progreso con el Señor. ¿Cómo reaccionarás ante ello?

Ministerio — Amar al prójimo como a nosotros mismos. ¡Eso es Ministerio! Recuerda que liderazgo significa ser ejemplo.

- ¿De qué manera puedes alentar a otro creyente el día de hoy?
- ¿Conoces a alguien cuya carga pueda ser aligerada con una llamada telefónica, un email o un abrazo? Pídele a Dios que te revele esa persona y te permita ser Sus manos y pies. Dile a alguien que lo necesite: ¡No te rindas!

Evangelismo — Dios nos ha encomendado compartir Sus buenas nuevas con otros. El Señor nos apoya cuando cumplimos ese mandato.

- ¿Cómo evangelizaba Nehemías a Sanbalat, Tobías y Guesén?
- ¿Qué te dice esto sobre tu rol de liderazgo? Decídete a seguir el liderazgo de Dios en todo lo que haces. Permite que Él hable a los corazones, incluso al de tus enemigos. No permitas que el miedo te mantenga alejado de Su llamado. Permite que el mundo sepa que Dios ama a todos. Diles que Dios se preocupa por ellos.

Adoración — Adoramos al Señor amándole con todo nuestro corazón.

- ¿Cómo se evidencia nuestro amor por Él en el compromiso de seguir Su propósito para nuestras vidas?
- ¿Has descubierto el propósito de Dios en tu vida y estás trabajando para conseguirlo? Si no estás seguro, habla con el Señor ahora mismo y pídele que te de el fuego de Nehemías para alcanzar Sus objetivos.

PUNTOS DE REFLEXIÓN:

¿Qué murallas debes reconstruir en tu vida? ¿Estás comprometido con esta reconstrucción, o la desorganización, el desaliento o el miedo te han impedido movilizarte? Pídele a Dios que te ayude a aplicar las características que vemos en la vida de Nehemías para poder alcanzar el éxito.

Una vez que hayas alcanzado tu objetivo, el próximo obstáculo en el liderazgo es mantener el éxito. En el siguiente capítulo le enseñaremos a mantener el trofeo que ha alcanzado.

"Pero solo tú y tus hijos se harán cargo del sacerdocio, es decir, de todo lo referente al altar y a lo que está detrás de la cortina. A ustedes les doy el regalo del sacerdocio, pero cualquier otro que se acerque a las cosas sagradas será condenado a muerte"
NÚMEROS 18:7

10

CÓMO LOS LÍDERES
MANTIENEN SUS ÉXITOS

*«La muralla se terminó el día veinticinco del
mes de Elul. Su reconstrucción había durado
cincuenta y dos días».*[1]

«Felicidades, Nehemías. ¡Lo lograste! Terminaste la obra. Hiciste lo que tenías que hacer.» ¿No es eso lo que te dan ganas de decir ahora mismo después de leer este versículo? «Ahora, descansa, Nehemías. Has trabajado duro. Te mereces unas vacaciones».

¿Has llegado alguna vez a alcanzar un punto importante dentro de un proyecto? ¿Has respirado hondo con satisfacción, y después has sentido que un pensamiento te hacía volver a la realidad como si se tratara de un bofetón? «¿Y ahora, qué?» Si la reconstrucción de los muros fuera como un juego de las grandes ligas de fútbol, la respuesta sería: «¡Ahora me llevo la copa!»

Sin embargo, lo cierto es que tu trabajo solo se encuentra a la mitad. La forma en que nos comportemos ante los logros dice mucho acerca de nosotros mismos, de nuestro carácter y de nuestro sistema de valores. Uno de los momentos más peligrosos en tu vida es cuando has alcanzado una meta. ¿Qué sucede cuando has logrado lo que te habías propuesto hacer, y no tienes ninguna otra meta que seguir? Ahora sí que estás metido en un problema. El éxito destruye a mucha gente. Nos volvemos cómodos, satisfechos... e inútiles. Todo el impulso que habíamos logrado tener para el gran proyecto se ha acabado. He visto suceder esto una y otra vez. En el momento en que se termina un edificio, la gente lanza un suspiro colectivo de alivio y grita: «¡Hemos llegado! ¡Estamos en la Tierra Prometida!» Y deja de crecer.

Piensa en gente que tú conoces, o que a su vez conoce a alguien que haya logrado algún gran éxito temprano en la vida. Con frecuencia, en lugar de mantenerse impulsados dentro de la senda de los logros, lo que hacen es detenerse. Se sienten satisfechos, se acomodan y nunca dan un paso más. Eso le puede suceder a cualquiera de nosotros. Si nos descuidamos podemos perder lo que nos ha costado tanto trabajo.

¿Qué puede hacer un líder para mantener su éxito? Nehemías tiene algunas sugerencias para nosotros. En este capítulo veremos cómo se aseguró de que sus logros durarían.

El capítulo siete es la línea divisoria dentro del libro de Nehemías. La primera fase de su vida fue la etapa de construcción. La segunda es el período de consolidación. En los seis primeros capítulos, leemos acerca de la reconstrucción de los muros. Los capítulos siete al trece describen la consolidación de la ciudad. Son dos fases muy diferentes. En su vida, Nehemías ya ha pasado de copero del rey a gobernador de Judá. Ahora, se ha acabado el gran esfuerzo para erigir los muros, y su papel cambia de nuevo. Ahora tiene que usar un conjunto distinto de habilidades como líder.

El no hacer la transición de construir a mantener es la principal razón por la cual los negocios van a la quiebra, las iglesias no

crecen y las organizaciones fracasan.
El problema de la transición es este:
Los líderes no saben crecer con la
organización. No tienen las habilidades necesarias para la siguiente fase.
Como consecuencia, se estrangula la
iglesia o el negocio, en el momento
que empiezan. Si los líderes no
adoptan las nuevas habilidades que
hacen falta para mantener su éxito,
lo que han levantado se morirá.

> *El no hacer la transición de construir a mantener es la principal razón por la cual los negocios van a la quiebra, las iglesias no crecen y las organizaciones fracasan.*

DOS TIPOS DE LÍDERES

Existen dos tipos distintos de líderes. Al Tipo Uno yo lo llamo
el catalizador. El catalizador es el que pone en movimiento el proyecto. El Tipo Dos es el consolidador. Estos son los que mantienen el proyecto en movimiento, una vez levantado. El Tipo Uno
es el diseñador. El Tipo Dos es el desarrollador. Los consolidadores desarrollan lo que ha pensado el diseñador. El Tipo Uno es el
motivador. El Tipo Dos es el administrador. El Tipo Dos sabe
hacer que el proyecto levantado por el Tipo Uno funcione sin problemas una vez establecido. El Tipo Uno es el emprendedor. Él o
ella típicamente comienzan algo por su propia cuenta. Sin embargo, a medida que crece la organización, el emprendedor se debe
convertir en el ejecutivo. Los ejecutivos trabajan a través de otros.
Saben que no pueden mantener solos lo que echaron a andar.

Hay dos tipos claramente distintos de habilidades en el liderazgo. Ambos tipos son necesarios en las iglesias, las familias, el
gobierno y los negocios. Al comenzar, se necesita el catalizador
del Tipo Uno: el diseñador, motivador o emprendedor. Más
tarde, en la fase de consolidación, se necesitan los administradores y desarrolladores del Tipo Dos, gente que sepa administrar y
llevar adelante la operación diaria.

Pablo es un buen ejemplo de líder Tipo Uno. Era un pionero, un hombre en movimiento que nunca se quedaba mucho tiempo en el mismo lugar. Echaba a andar algo y decía: «Ahora hazte cargo tú». Dejaba a Timoteo, Tito, Epafrodito o algún otro administrador a cargo de la operación diaria de aquello que él había comenzado. Pablo era un líder del Tipo Uno. En cambio, Timoteo, Tito y Epafrodito eran líderes del Tipo Dos.

La Biblia dice: «*Te dejé en Creta para que pusieras en orden lo que quedaba por hacer y en cada pueblo nombraras ancianos de la iglesia, de acuerdo con las instrucciones que te di*». Otras versiones dicen: «*Por esta causa te dejé en Creta, para que corrigieses lo deficiente, y establecieses ancianos en cada ciudad, así como yo te mandé*».[2]

«*Para que pusieras en orden las cosas que aún se necesitaban hacer*».[3] El líder sabio conoce sus propios puntos fuertes y débiles, y los compensa por medio de su equipo de trabajo. Es muy raro encontrar un líder que sea catalizador y consolidador a la vez. Cuando lo encontramos, suele estar entre los millonarios, las personas que se hallan en los puestos más altos de las corporaciones y los que manejan los mayores negocios. Se trata de personalidades dinámicas que también tienen la capacidad de crecer con la organización.

Nehemías era uno de estos hombres. Sabía cambiar de responsabilidades. Cuando se terminó el muro, dejó el casco duro del constructor para ponerse el traje fino del ejecutivo. En la siguiente fase de su vida Nehemías requeriría un conjunto de habilidades completamente diferentes de las que había utilizado hasta el momento. Nehemías estaba listo. En el capítulo 7, Nehemías demuestra sus tareas gerenciales, esenciales para el crecimiento consolidado. ¿Sabías que entre el noventa y el noventa y cinco por ciento de las iglesias que se fundan nunca pasan de las doscientas o trescientas personas? Llegan a las doscientas o trescientas, y después disminuyen de tamaño. Suben y bajan. Porque los líderes no saben hacer la transición que presenta Nehemías en el capítulo 7, sus iglesias nunca crecen. A menos que el líder desarrolle esas habilidades, la organización nunca pasará de ser el ministerio de un solo hombre.

¿Cómo se mantiene lo que ya se ha logrado?

1. Se reclutan líderes. Se buscan, se preparan, se les delega y se los involucra a otras personas.
2. Se registra el progreso. Se mantiene un buen registro de los recursos existentes.
3. Se recoge apoyo económico. Se hallan los fondos necesarios para financiar la operación que se está llevando a cabo.

La Biblia dice que toda las Escrituras es de provecho. Como líder, decídete ahora a aprovechar las lecciones de Nehemías. He aquí lo que Nehemías hizo para lograr su transición de catalizador a consolidador.

1. Recluta más líderes

> *«Una vez que se terminó la reconstrucción de la muralla y se colocaron sus *puertas, se nombraron porteros, cantores y levitas».*[4]

Tan pronto como se acabaron los muros y estuvieron colocadas las puertas, Nehemías contrató el personal. Nombró tres clases distintas de líderes.

Porteros – Los guardianes, los vigilantes y la policía de la ciudad. Su labor consistía en proteger y en mantener la paz.

Cantores – Eran los líderes de la adoración. La adoración era importante para Israel.

Levitas – Eran los ayudantes de los sacerdotes.

> *«A mi hermano Jananí, que era un hombre fiel y temeroso de Dios como pocos, lo puse a cargo de Jerusalén, junto con Jananías, comandante de la ciudadela».*[5]

Nehemías nombró a su hermano Jananí, un líder civil, como «alcalde» de Jerusalén. Mientras Jananías se convirtió en comandante de la fortaleza, algo semejante al jefe de policía de la actualidad. En su condición de gobernador, Nehemías tenía ahora un personal completo en el que había porteros, cantores, levitas, un alcalde y un jefe de policía. Estaba demostrando una habilidad de liderazgo clave en toda organización que crece: la capacidad para delegar. Estaba involucrando a otras personas. Sabía que la administración diaria de la provincia era más de lo que podía controlar un solo hombre, así que estaba entregando esa responsabilidad, repartiéndola. Esto sucedió mucho tiempo antes de los seminarios de Peter Drucker, o libros como *En búsqueda de la excelencia*, de Tom Peters.ª Sin embargo, Nehemías comprendía estos principios básicos de la administración. Sabía que era necesario dividir la responsabilidad.

> *Uno puede soñar, diseñar, crear y construir el lugar más maravilloso del mundo, pero hace falta gente para que el sueño se convierta en realidad.*
>
> Walt Disney

Nehemías sabía que ninguna organización puede llegar a estabilizarse, si está edificada sobre una sola persona. Por eso, el líder eficaz necesita pasar de emprendedor a ejecutivo. Al principio, Nehemías lo hizo todo. No había comité, él no le pedía opinión a nadie y no tenía más líderes. Él lo hacía todo. Nehemías tenía la mano en todo.

Uno puede soñar, diseñar, crear y construir el lugar más maravilloso del mundo, pero hace falta gente para que el sueño se convierta en realidad.

Al principio de todo proyecto, el emprendedor debe involucrarse en todas las etapas del camino. Sin embargo, a medida que va creciendo, necesita ir soltando responsabilidades. El líder del proyecto necesita irles entregando cada vez más responsabilidades a su personal, a los líderes laicos o a otros ayudantes. La participación en todo es magnífica para echar a andar algo, pero a largo plazo, no es una forma eficaz de administrar.

Cuando comencé la iglesia Saddleback en 1980, mi meta era ir entregando el ministerio. Al principio, mi esposa Kay y yo lo hacíamos todo. Yo imprimía los boletines, preparaba las sillas, las quitaba, planificaba el servicio, predicaba, y a veces hasta recogía la ofrenda. Sin embargo, mi meta seguía siendo trabajar de manera que no se llegara a necesitar de mí; entregar el ministerio. Aunque yo fui quien comencé la iglesia y la levanté, la iglesia no fue levantada *sobre* mí. Fuimos buscando otros líderes, otras personas, más personal, y entregando las responsabilidades del ministerio.

Ya en 1989, lo único que me quedaba que otros no estuvieran haciendo, era la predicación. Así que también comencé a compartirla. Así uno va entregando el ministerio. El líder eficaz delega. Si yo me hubiera aferrado a todas las cosas que estaba

El líder eficaz delega.

haciendo al principio, la iglesia Saddleback habría dejado de crecer al llegar a unas ciento cincuenta personas. Tal como están las cosas, Saddleback me superó hace ya mucho tiempo.

Uno de los precios del crecimiento que debes estar dispuesto a pagar es tener a personas en tu equipo, que tal vez nunca veas o les hables. Nuestro ego necesita ser capaz de compartir el liderazgo con los demás. Hay gente que llama a Saddleback para pedir consejería, o para bodas, y no preguntan por mí. Eso no me causa ningún problema. Si yo fuera el único hombre santo a sueldo en Saddleback, tendríamos todavía una iglesia bastante pequeña. La capacidad, el tiempo, el esfuerzo, la energía, el talento y los conocimientos de una persona tienen sus limitaciones. Por eso Dios hizo más de una persona. Uno va entregando el ministerio. Va entregando el liderazgo. Este es el principio de delegación.

Nehemías dijo: «Ya levantamos la muralla. Ha llegado la hora de asegurarnos de que no la vamos a perder. Distribuyamos el liderazgo». Y delegó responsabilidades.

Puesto que todo se levanta o cae según los líderes, el tipo de líderes que escojas es crucial. Si tienes la persona equivocada en puestos de liderazgo, pueden sembrar semillas de destrucción en cualquier negocio, ministerio o programa.

¿Qué clase de líderes buscó Nehemías? ¿Qué es importante para ti al escoger la gente que te va a ayudar? Busca el mismo tipo de personas que buscó Nehemías: Gente íntegra, piadosa y fiel.

A. Integridad

«A mi hermano Jananí, que era un hombre fiel y teme-
roso de Dios como pocos, lo puse a cargo de Jerusalén,
junto con Jananías, comandante de la ciudadela».[6]

> *El denominador común del liderazgo, es la integridad.*

Lo primero tiene que ser la integridad. El denominador común del liderazgo, es la integridad. Si no se puede confiar en ti, ¿quién te va a seguir? Y si nadie te sigue, no eres el líder. John Maxwel dijo: «El que se cree líder, pero nadie lo sigue, solo se está dando un paseo».

Tú necesitas ser íntegro. El liderazgo se edifica sobre la confianza. Si la gente confía en ti, entonces eres el líder. Si no confían, no eres el líder, y no importa el título que te des. En el momento en que le tengas que decir a la gente que eres el líder, habrás dejado de serlo. El liderazgo tiene que ver por completo con la confianza.

B. Piedad

«Era un hombre fiel y temeroso de Dios como pocos».[7]

Nehemías buscó gente que se tomara en serio su relación con Dios. Temer a Dios significa tener reverencia hacia él. Está claro que Jananí era un hombre espiritual que tomaba a Dios en serio.

El liderazgo tiene que ver por completo con la confianza.

Cuando Dios busca líderes, quiere saber qué clase de personas son. ¿Se puede confiar en ellos? ¿Qué clase de relación tienen con él? La piedad es una cualidad clave para los líderes que Dios usa.

C. Fidelidad

Tanto Jananí como Jananías tenían toda una historia de relación con Nehemías. Los había conocido a ambos, y había trabajado antes con ellos. Había sido Jananí el que había hecho el largo viaje hasta Persia para hablarle a Nehemías sobre los muros. Él fue el que buscó la ayuda de Nehemías. Si él no hubiera dado aquel paso inicial, tal vez Nehemías nunca habría ido a reconstruir los muros. Su fidelidad demostraba que eran dignos de confianza.

«Que primero sean puestos a prueba, y después, si no hay nada que reprocharles, que sirvan como diáconos».[8]

Cuando ponemos en una posición de liderazgo a alguien que no ha sido probado, nueve de cada diez veces se va a tratar de una bomba de tiempo. Puedes darlo por seguro. Busca gente que haya demostrado ser digna de confianza.

«Su señor le respondió: "¡Hiciste bien, siervo bueno y fiel! Has sido fiel en lo poco; te pondré a cargo de mucho más. ¡Ven a compartir la felicidad de tu señor!"»[9]

Los ascensos tienen como base la fidelidad. Si somos fieles en las cosas pequeñas, Dios nos da cosas mayores.

> *«Lo que me has oído decir en presencia de muchos testigos, encomiéndalo a creyentes dignos de confianza, que a su vez estén capacitados para enseñar a otros».*[10]

Pablo le está diciendo a Timoteo: «Lo que has visto y oído en mí, te lo doy a ti. Se lo tienes que entregar a gente fiel y de confianza que reúna las cualidades para enseñarle a los demás. Comunícaselo según la fidelidad de ellos. Invierte en gente que sea fiel».

Dios escoge a los líderes basado en dos cosas: su vida personal y su actuación en el pasado. Esto es lo que debemos mirar cuando estemos buscando un líder.

> *«A los dos les dije: "Las puertas de Jerusalén se abrirán cuando ya haya salido el sol* [hasta que sea bien de día. Si las abren antes que sea de día se podría deslizar algún enemigo], *y volverán a cerrarse y se asegurarán con sus barras cuando los porteros estén en sus puestos. Además, los habitantes de Jerusalén montarán guardia, unos en sus puestos y otros frente a su propia casa"».*[11]

Nehemías ha escogido a sus líderes, y ahora les da una clara descripción de sus responsabilidades. Les hace algunas indicaciones muy concretas. «Vigilen; manténganse en guardia, estén alerta, tengan cuidado». Los muros ya fueron levantados, las puertas están en su lugar, pero tenemos que seguir vigilando.

Las puertas de una ciudad eran la clave de su seguridad. Imagínate esto: Durante los cincuenta y dos días pasados, el pueblo ha trabajado día y noche para reconstruir sus hermosos muros. Ahora, ya están terminados. Las gigantescas puertas están en su lugar. Entonces, una noche, la noche en que se les olvide asignar vigías, un enemigo se desliza dentro de la ciudad y la vuelve a capturar. ¿No habría sido algo trágico?

Dios quiere que tú comprendas este principio: *Lo que uno obtiene, lo tiene que cuidar.*

> *Lo que uno obtiene, lo tiene que cuidar.*

Esa es la razón de que esta historia se encuentre en la Biblia. Si tú no cuidas lo que has obtenido, lo vas a perder. Nunca des por sentado que por haber alcanzado un cierto nivel de éxito, allí te vas a quedar, sin esfuerzo alguno. Tenemos que proteger lo que hemos logrado. ¿Te has esforzado alguna vez muy duro para perder peso, solo para ver después cómo vuelven los kilos y los centímetros con mayor rapidez que antes, y todo porque tú no estabas cuidando lo que habías ganado (¡o perdido!)? Los logros del pasado no son garantía de un éxito continuo. Nos podemos pasar años aprendiendo un idioma extranjero, y perderlo sencillamente porque no lo utilizamos. Es un principio de la vida: Úsalo o piérdelo.

Este principio también es cierto en nuestra vida espiritual. Podemos llegar a grandes logros en nuestro caminar con Cristo, solo para perder terreno y caer después, cuando bajamos la guardia. Cuando hablo con personas que han estado espiritualmente caídas, encuentro que no se trata de que ahora amo al Señor, y dentro de un minuto no. Esas personas han pasado de amar a Dios ahora, y olvidarlo dentro de un minuto. No es un amor que se vuelve odio, sino que es una simple cuestión de descuido. ¿Cuánto hay que esforzarse para tener hierbas malas en el patio? ¡Nada! Crecen solas cuando no estamos atentos. Las hierbas malas son señal de descuido. Y las hierbas malas del espíritu crecen hasta asfixiar nuestra vida, si descuidamos las cosas básicas de la vida cristiana. Tenemos que proteger lo que hemos ganado, tanto en lo físico como en lo espiritual.

> *Nunca des por sentado que por haber alcanzado un cierto nivel de éxito, allí te vas a quedar, sin esfuerzo alguno.*

«Por eso, dispónganse para actuar con inteligencia; tengan dominio propio; pongan su esperanza completamente en la gracia que se les dará cuando se revele Jesucristo».[12]

Los logros del pasado no son garantía de un éxito continuo.

En las Escrituras vemos que Jesús dice muchas veces: «Velen y oren». Necesitamos vigilar nuestra vida personal a fin de no perder terreno ante el diablo.

El primer principio para mantener lo que ya hemos ganado, es el de reclutar nuevos líderes y delegar responsabilidades. Crea un sistema de apoyo que haga que no todo dependa de ti.

2. Registra tu progreso (ver pg. 211)

Para sobrevivir, es esencial mantener buenos registros contables. Tú necesitas establecer algún tipo de sistema de contabilidad y mantenimiento de estadísticas. La contabilidad se suele referir al dinero, pero en Nehemías 7 vemos que él está llevando una estadística de la gente. Las personas son más importantes que el dinero. Nuestros registros sobre la gente que hay en nuestro negocio o ministerio deben ser por lo menos tan buenos como nuestra contabilidad económica, y tal vez mejores.

Y las hierbas malas del espíritu crecen hasta asfixiar nuestra vida, si descuidamos las cosas básicas de la vida cristiana.

Registra tu progreso; mantén el rastro de tu gente. Nehemías hizo un censo. No era solo para ver cuántas personas había allí, sino también para ver quiénes eran. El capítulo 7 es el más largo del libro, porque es una lista de descendencias y genealogías.

A la mayoría de nosotros nos parece que es aburrido leer esas listas, y nos las salteamos. Sin embargo, fue Dios quien las puso allí. ¿Por qué le importaba aquello? De hecho, hay tres listas de nombres en el libro de Nehemías, en los capítulos 7, 11 y 12; tres listas completas de gente.

Crea un sistema de apoyo que haga que no todo dependa de ti.

Sus nombres no tienen gran importancia para ti o para mí, pero sí la tuvieron para Nehemías. Para él, la gente era importante. Y tienen que haber significado mucho para Dios; de lo contrario, sus nombres no estarían en la Biblia. Para Dios, la gente es importante.

> *«La ciudad ocupaba una gran extensión, pero tenía pocos habitantes porque no todas las casas se habían reconstruido. Mi Dios puso en mi corazón el deseo de reunir a los nobles, a los oficiales y al pueblo, para registrarlos según su descendencia; y encontré el registro genealógico de los que habían regresado en la primera repatriación. Allí estaba escrito...».*[13]

Nehemías está comenzando un programa de repoblación. Ha construido los muros que rodean a la ciudad. Ha puesto en su lugar las puertas. Ahora se da cuenta de algo: vive muy poca gente en la ciudad. Mientras los muros estaban destruidos, la ciudad no era un lugar seguro para vivir, así que la gente se había trasladado a los campos. Nehemías comprendió la necesidad de atraer nuevamente personas a la ciudad, para fortificarla internamente. Si la ciudad de Dios necesitaba protección, él necesitaba personas que vivieran allí para cuidarla. Por eso dijo: «Voy a hacer un censo, para averiguar cuántos somos, y quiénes

Las personas son más importantes que el dinero.

*Para Díos, la gente
es importante.*

somos. Después, vamos a hacer que un cierto número (tal vez el diez por ciento) se vuelvan a trasladar a la ciudad». Comprendía la necesidad de reforzar las estructuras internas. Esa es la segunda cosa que necesitas hacer en el proceso de consolidación. Para que Jerusalén saliera adelante, necesitaba tener gente suficiente en los lugares correctos, a fin de ser fuerte. Lo que Nehemías estaba haciendo, se parecía mucho a un programa de renovación urbana.

> «La ciudad ocupaba una gran extensión, pero tenía pocos habitantes porque no todas las casas se habían reconstruido. Mi Dios puso en mi corazón el deseo de reunir a los nobles, a los oficiales y al pueblo, para registrarlos según su descendencia; y encontré el registro genealógico de los que habían regresado en la primera repatriación».[14]

Nehemías sabía que era Dios quien lo había inspirado a contar a toda aquella gente. Veamos lo que dice la Palabra: *«Mi Dios puso en mi corazón el deseo...»*. El verdadero líder se mantiene en sintonía con Dios. Fue Dios quien le indicó que hiciera lo que estaba haciendo. Si Nehemías no hubiera permanecido cerca de Dios, y con la costumbre de hablar con él, no habría sabido lo que tenía que hacer. Ahora sabía que era Dios quien lo había inspirado a mantener buenos registros. La contabilidad es un ministerio espiritual. Todo lo que tenga que ver con la obra de Dios es un ministerio espiritual.

Desde el versículo siete hasta el sesenta y nueve, tenemos el recuento del pueblo. Hace una lista de los líderes; divide al pueblo por familias y por ciudades; pone en la lista también a los líderes religiosos y a los sacerdotes, a los levitas y cantores, a los criados del templo, a los descendientes de Salomón, e incluso a aquellos cuya sangre no era ciento por ciento judía. Después de la gente, hace una lista de las propiedades: el ganado y otros bienes. Nehemías lo contabiliza todo. Al final, leemos el gran total: 49.942 personas.

> *Todo lo que tenga que ver con la obra de Dios es un ministerio espiritual.*

Nehemías era responsable por una ciudad de cerca de cincuenta mil personas. ¿Por qué quiso Dios poner en la Biblia todos esos nombres? No solo se mencionan aquí, sino que la misma lista aparece de la misma forma en Esdras 2. Está claro que la Editorial de Dios no se preocupaba por contar las palabras. ¿Por qué quiso Dios que todos esos nombres estuvieran en dos lugares de la Biblia? Parece una pérdida de espacio. Yo creo que lo hizo por dos razones:

1) En el año 586 a. C., el rey Zorobabel permitió que regresara a Jerusalén el primer grupo de judíos llevados al cautiverio de Babilonia. Estas personas, las mencionadas por Esdras y Nehemías, estaban en ese primer grupo. Después de setenta años, se habían acomodado en Persia, aunque no fuera su tierra. Regresar significaba para ellos dar un paso de fe. Eran el pueblo de Dios. Su decisión fue difícil, pero querían volver a su tierra, donde podrían adorar al Señor.

2) Aquellos eran los que habían reconstruido los muros. Sus nombres quedaron escritos para la posteridad, como reconocimiento a lo que habían hecho.

Dios recuerda y reconoce todos los pasos de fe que damos. Esas listas son como un pequeño Salón de la Fama de Dios. Miles de años más tarde, conocemos los nombres de los que reconstruyeron los muros. Sabemos que tuvieron fe suficiente para marcharse de Persia, regresar a su tierra y tratar de reconstruir el templo. Dios recuerda y reconoce todos los pasos de fe que nosotros damos. A él le pareció que aquella gente era lo suficientemente importante para ponerla en la Biblia.

Me pregunto si mi nombre estará en la lista de honor de Dios. Es una buena pregunta. Si Dios hiciera una lista de las personas que

Dios recuerda y reconoce todos los pasos de fe que damos.

están cumpliendo su voluntad, ¿entraría yo en ella? ¿Entrarías tú? ¿Qué evidencias de fe existen en mi vida? ¿Y en la tuya? ¿Piensa Dios que yo estoy haciendo lo que él quiere que haga? ¿Lo piensa acerca de ti?

La segunda tarea del administrador consiste en llevar un buen registro.

«Asegúrate de saber cómo están tus rebaños; cuida mucho de tus ovejas».[15]

Dios les está hablando a los pastores; a los líderes. Necesitamos conocer a nuestras ovejas. En Juan 10, Jesús dice: *«Yo soy el buen pastor; conozco a mis ovejas».*[16] Toda buena organización sabe quién pertenece a ella.

Aun en una iglesia tan grande como la de Saddleback, tenemos formas de mantenernos en contacto con nuestra gente. Usamos bases de datos en las computadoras, tarjetas que la gente llena en las reuniones de fin de semana, y otras herramientas, con el fin de seguirles el rastro a las personas que consideran que Saddleback es su iglesia. Todas las semanas recibimos centenares de peticiones de oración, comentarios, citas, ideas y otras peticiones. Yo leo cuantas puedo, y el resto las delego a otros miembros del cuerpo administrativo. De inmediato, tenemos dentro del personal ciertas personas que comienzan a atender a las distintas necesidades de la gente. Algunos reciben una carta y otros una visita. Para mantenerme en contacto, utilizo una herramienta llamada **El resumen del pastor**. Contiene brevemente toda la información que ha llegado en la semana. Las peticiones de oración, después de quitarles los comentarios personales, van a todos los miembros del personal, y todos ellos reciben un resumen del pastor. Estos informes regulares nos ayudan a conocer bien el estado de nuestro rebaño. Lo hacemos porque la Biblia nos indica que mantengamos una buena contabilidad de ese rebaño.

Saddleback es una iglesia muy grande, gracias a Dios. Y tratamos de mantenernos en contacto con nuestra gente. En general, nuestro sistema funciona bien. Sí, hay gente a la que se le pierde la pista, pero estamos haciendo el esfuerzo. La Biblia habla del Buen Pastor, que dejó las noventa y nueve ovejas para ir en busca de la que se había perdido. ¿Cómo supo que se había perdido? Porque las contó. Cuando el total arrojó que eran noventa y nueve, se dio cuenta de que se había perdido una. Nosotros contamos, no solo para saber quiénes están, sino para saber quiénes no están. En la iglesia Saddleback tenemos un dicho: «Contamos a la gente, porque la gente cuenta».

> *Contamos, no solo para saber quiénes están, sino para saber quiénes no están.*

Los líderes necesitan reclutar buenas personas, delegar y extender el liderazgo para poder ser eficaces. El líder necesita mantener un buen registro, y saber dónde se encuentran las personas en sus momentos de necesidad.

Hay una tercera cosa que hizo Nehemías. Es algo que no le gusta a nadie, pero es una tarea del líder.

3. Pide apoyo económico

> «*Algunos jefes de familia entregaron al tesoro donativos para la obra: el gobernador entregó al tesoro ocho kilos de oro, cincuenta tazones y quinientas treinta túnicas sacerdotales; los jefes de familia entregaron ciento sesenta kilos de oro y mil doscientos diez kilos de plata, y el resto del pueblo entregó ciento sesenta kilos de oro, mil cien kilos de plata y sesenta y siete túnicas sacerdotales*».[17]

Alguien tenía que pedir el dinero necesario para que la obra de Dios siguiera adelante. Nehemías comenzó una campaña de

> *«Contamos a la gente, porque la gente cuenta».*

recaudación de fondos a fin de conseguir el dinero para restaurar el templo. Observa el orden en que fueron contribuyendo.

Primero contribuyeron los líderes. Ellos eran los que tenían que dar el ejemplo. El gobernador llegó incluso a decir cuánto estaba dando él. Si Nehemías lo hiciera hoy, diríamos que estaba fanfarroneando, pero lo cierto es que estaba tratando de ser modelo de una conducta piadosa; estaba dando el ejemplo. Él fue el que más dio. Fue el que más sacrificó.

Segundo, las cabezas de familia también contribuyeron con su regalo. Si sumamos todo lo que se dio, llegaría a más de cinco millones de dólares en dinero de hoy.

Tercero, todos los demás dieron lo que tenían.

Señor, ayúdanos a aprender que no basta con triunfar; hay que asirse del premio. Ayúdanos a aprender a ser tanto catalizadores como consolidadores. Gracias por el ejemplo de Nehemías. Sabemos que no todo el mundo puede tener habilidades en ambos aspectos, pero te damos las gracias porque tenemos una imagen, un modelo a seguir.

Queremos ser unos líderes que tú puedas usar para cambiar el mundo. Ayúdanos a aprender a hacer con eficacia la transición entre papeles, reclutar personas capaces y responsables y confiarles el trabajo que nosotros no podemos hacer solos. Ayúdanos a aprender a delegar.

Por último, Señor, sabemos que la gente es mucho más importante que el dinero, las cosas o los proyectos. Ayúdanos a hallar formas creativas de saber quiénes son los nuestros. Ayúdanos a aprender a administrar a base de hacer recorridos y conocer a los miembros de nuestro equipo, a los miembros de nuestra iglesia y a nuestro personal. Como los que ayudaron a Nehemías a reconstruir los muros, todos somos importantes para ti.

Señor, enséñanos por medio de tu Palabra a crecer en el papel de liderazgo que nos has dado. Haznos como Nehemías, Señor. Haznos como tú. Te lo pedimos en el nombre de Jesús. Amén.

---

[a] Tom Peters, *En búsqueda de la excelencia*, Warner Books, 1986.

Guía para la aplicación del principio
del capítulo 10

Cómo los líderes mantienen sus éxito

Aplicando los propósitos de Dios

Comunión — La gente necesita reconocimiento. Esa es una de las razones por las cuales en el Cuerpo de Cristo encontramos reconocimiento y apoyo entre los miembros.

- Como líder, ¿conoces a todos en tu grupo, iglesia u organización?
- ¿Cómo te sientes al ser saludado por alguien a quien respetas?
- ¿Cómo te hace sentir el que esa persona se tome tiempo para ti?
- ¿Qué puedes hacer para ser esa clase de líder? La clase de persona que todos quieren que les salude.

Discipulado — ¿Alguna vez has obtenido grandes ganancias espirituales que luego has perdido por descuido? Todo cristiano, aun los pastores, son susceptibles a ello. Eso no significa que has dejado de amar a Dios, pero sí que temporalmente te olvidaste de El.

- ¿Cómo puedes evitar que raíces de negligencia crezcan en tu jardín espiritual?

- ¿Has creado un plan regular y consistente de crecimiento de tu vida cristiana? ¿Lo estás siguiendo?
- Haz todo esfuerzo posible para tener un tiempo con Dios diariamente. Apégate a Él. Los rituales son importantes para alcanzar consistencia, pero siempre busca maneras frescas de acercarte a Dios, evitando así el estancamiento espiritual. Ten cuidado de no perder lo que ya has ganado.

Ministerio — Como líder, puedes estar involucrado en un gran número de proyectos valiosos, pero tu verdadero ministerio es con tu equipo. Dios te pide que les enseñe a liderar como tú lideras.

- Para ver tu negocio, ministerio, iglesia o evento crecer, necesitas invertir en gente de fe. Debes transmitirles lo que tú conoces. ¿Estás haciendo esto?
- ¿Invertirías tu conocimiento, tiempo y confianza en aquellos que siguen tus huellas?
- ¿Qué otra cosa puedes hacer? ¿Puedes ofrecer seminarios, clases, tutorías? Todas ellas son maneras duraderas de ministrar.

Evangelismo — Para alcanzar a la gente con las buenas nuevas de Cristo, debemos entender en dónde está su necesidad. Un ejemplo de cuán beneficioso es categorizar a la gente está en Nehemías 7: 6-69.

- Como líder, ¿cómo puedes descubrir las necesidades de tu comunidad?
- ¿Dónde quiere Dios que encuentres esas necesidades?

- ¿Cómo puede ayudarnos ese descubrimiento?

Adoración — Cuando adoramos a Dios, le expresamos nuestra gratitud.
- ¿Cómo nuestro compromiso de mantener el éxito alcanzado es una forma de agradecer al Señor?
- Ahora que reconoces la importancia de esta faceta del liderazgo, qué puedes hacer para honrar al Señor a través de tu negocio, ministerio o de tu vida personal. Muestra tu gratitud al Señor.

PUNTOS DE REFLEXIÓN:

Hemos leído los capítulos del 1 al 7 en el libro de Nehemías. Sabemos ahora de qué está hecho un líder, de cómo debe un líder orar, de cómo debe planificar, motivar a otros, manejar la oposición, organizar proyectos, resolver problemas, vencer la tentación, sabemos los secretos de los súper-ejecutores y además cómo mantener ese éxito, una vez alcanzado. Ahora que tenemos todos los ingredientes ¿Cómo los mezclamos para hacer un gran líder? En eso consiste nuestro siguiente capítulo.

11

LO QUE SE NECESITA PARA SER UN GRAN LÍDER

«La muralla se terminó el día veinticinco del mes de elul. Su reconstrucción había durado cincuenta y dos días».[1]

En el primer capítulo descubrimos esta verdad acerca del liderazgo: No hace falta ser una persona carismática, efervescente y repleta de energía para ser líder. Lo que *sí* hace falta es carácter. La vida de Nehemías nos enseña ocho características de los grandes líderes.

Estudia con detenimiento estas características. Revísalas continuamente. Interiorízalas en tu corazón y te convertirás en un líder más eficaz. Aprenderás a ser un líder al estilo de Nehemías.

1. Compasión

«Al escuchar esto [que los muros de Jerusalén estaban por el suelo y el fuego había consumido las puertas], *me senté a llorar; hice duelo por algunos días, ayuné y oré al Dios del cielo».²*

A Nehemías le interesaba realmente la gente. De no haber sido así, ¿por qué un hombre que llevaba una vida muy buena se iba a entristecer tanto con el informe de que había unos muros derrumbados en una ciudad situada a miles de kilómetros de allí? A Nehemías le importaba. Porque era un hombre compasivo, cuando oyó decir lo dura que era la vida en Jerusalén con los muros en el suelo, sintió que tenía que hacer algo para ayudar.

¿Acaso no es cierto que cuando las cosas nos van bien, nos es fácil olvidar que la mayoría de los seres humanos del planeta están sufriendo? Cuando la vida es buena, es fácil olvidarse del hecho de que la mayor parte de la gente del mundo está pasando por algún tipo de dolor. La vida es dura, vivamos donde vivamos.

Nehemías era un hombre compasivo. Sabía amar, y el amor es el fundamento del liderazgo cristiano.

El amor es el fundamento del liderazgo cristiano.

Mira su reacción ante las injusticias. La comida escaseaba, los hogares estaban hipotecados en exceso, los intereses y los impuestos eran increíblemente altos y la gente se veía obligada a vender a sus hijos como esclavos, simplemente para pagar sus deudas. Nehemías dijo: *«Cuando oí sus palabras de protesta, me enojé muchísimo».³*

La ira ante el pecado es una reacción producto del amor. Necesitamos enojarnos ante el pecado. Necesitamos enojarnos cuando hay alguien que hiere a otro. Esto constituye una justa indignación. Es preocuparnos por lo mismo que le preocupa a Dios. El enojo de Nehemías es evidencia de su compasión por la gente.

En Nehemías 5:17-18, leemos que él asumió personalmente el cuidado de ciento cincuenta personas durante esos tiempos. Era un hombre compasivo.

A la gente no le importa cuánto sabemos, mientras no sabe cuánto nos importa.

> A la gente no le importa cuánto sabemos, mientras no sabe cuánto nos importa.

En el liderazgo, la base de todo radica en el amor. ¿Amas a la gente? ¿Te preocupas por la gente? El liderazgo sin amor se vuelve simplemente una manipulación.

2. Meditación

Los grandes líderes saben por instinto que tienen que equilibrar el uso de su tiempo. Necesitan pasar tiempo con la gente para guiarla, y necesitan pasar momentos a solas con Dios. El tiempo de meditación es crítico para la eficacia del líder. Nehemías era un hombre de oración. Aprende de su ejemplo. Tu vida privada de oración determina la eficacia de tu liderazgo público.

Nehemías era hombre de oración y meditación. Oraba por todo: por cada decisión que tenía que tomar, por cada crisis que tenía que enfrentar, por cada crítica que recibía. Su oración del capítulo uno es una de las grandes oraciones de la Biblia. Te animo a que la estudies.

> *«Le dije: "Señor, Dios del cielo, grande y temible, que cumples el pacto y eres fiel con los que te aman y obedecen tus mandamientos, te suplico que me prestes atención, que fijes tus ojos en este siervo tuyo que día y noche ora en favor de tu pueblo Israel"».*[4]

> El liderazgo sin amor se vuelve simplemente una manipulación.

El tiempo de meditación es crítico para la eficacia del líder.

Oraba de día y de noche.

Cuando hizo su cabalgata de media noche por Jerusalén, se pasó tres días en su habitación, saliendo solo de noche para inspeccionar los muros. ¿Qué estaba haciendo durante todo aquel tiempo? Estaba meditando, orando, inspeccionando y hablando con Dios. Revisaba una y otra vez en la mente los sucesos, sus planes y las soluciones que Dios le daba.

Los grandes líderes saben que su tiempo público debe estar equilibrado con su tiempo a solas con Dios.

> *«Cuando oí sus palabras de protesta, me enojé muchísimo. Y después de reflexionar, reprendí a los nobles y gobernantes».*[5]

Nehemías sabía poner a funcionar el cerebro antes de poner su lengua en movimiento. Era un hombre de meditación. Esperaba a que Dios le diera la perspectiva correcta: «Dios mío, ¿qué quieres que diga?»

¿Alguna vez has hablado sin pensar? Como líder, tienes que aprender, tal como lo tuve que aprender yo, que es importante pensar antes de hablar. Los grandes líderes meditan. Nehemías dice: «Medité sobre lo que iba a decir».

Antes de dar mi mensaje de fin de semana, paso un promedio de dieciséis horas meditando en él. Leo, oro, repaso una y otra vez mis palabras. La meditación precede a la acción. Una vez hecha la meditación, la presentación resulta automática. La meditación la siembra en nuestra mente.

Los grandes líderes saben que su tiempo público debe estar equilibrado con su tiempo a solas con Dios.

Nehemías era un hombre compasivo y de meditación. Se preocupaba por la gente y oraba.

3. Actitud positiva

«Un día, en el mes de Nisán del año veinte del reina-
do de Artajerjes, al ofrecerle vino al rey, como él nunca
antes me había visto triste...».[6]

Nehemías tenía una actitud positiva. ¿Le gustaría seguir a un gruñón? Claro que no. A nadie le gusta. Todos preferimos seguir a un líder que tenga una actitud positiva. Al parecer, Nehemías era una persona positiva y de buen ánimo. Había estado sirviendo al rey Artajerjes toda su vida, y aquella era la primera vez que había llegado con el ceño fruncido y una actitud abatida. Siempre había mostrado buen ánimo y optimismo. No tenía el hábito de quejarse.

Los líderes deben ser animadores, no desanimadores. La función del líder es levantar a la gente, no dejar que se caigan. Por eso el buen ánimo es una característica tan importante.

> La meditación la siembra en nuestra mente.

¡Líder, tienes que esforzarte en esto! Sé que no es una noticia algo asombrosa, pero hay entre nosotros quienes no son personas de buen ánimo por naturaleza. Hay quienes se levantan por la mañana diciendo: «¡Señor, buenos días!», y hay quienes se levantan diciendo: «¡Señor, ya es de día!»

Aunque tú no seas por naturaleza una persona de buen ánimo, puedes esforzarte por llegar a serlo. Lo puedes desarrollar. Acostúmbrate a sonreír. Yo lo hago cada vez que me subo al auto para ir a los servicios de fin de semana de la iglesia. Y la verdad es que no tengo ganas de hacerlo, sobre todo los domingos por la mañana. Todavía estoy entumecido y medio despierto, pero comienzo por sonreír.

Aunque no lo creas, puedes lograr tener una buena actitud a base de sonreír. Los médicos nos dicen que se produce un verdadero cambio bioquímico cuando comenzamos a sonreír, a causa de las hormonas que se producen en nuestro cuerpo. Cuando salgo del auto y me dirijo a la oficina, intencionalmente estoy adiestrado a hacer una pausa y empezar a sonreír. Me doy cuenta de que en la oficina cada cual lleva su propia carga, y muchos llevan una carga muy pesada. No es porque yo les dé exceso de trabajo, sino porque la vida no es fácil. Como líder de ellos, es importante que no entre con una actitud tal que haga más pesada su carga. Así que sonrío, para mantenerlos de buen ánimo. Hasta lo hago cuando llego a casa por la noche. Cuando entro por la puerta, antes de girar la perilla, sonrío. Como líder de mi hogar, sé que mi familia no necesita los problemas con los que me tuve que enfrentar durante el día.

¿Cómo puedes ser tú un líder de buen ánimo, cuando trabajas con la clase de gente con la que trabajas? ¿Cómo puedes ser un líder de buen ánimo cuando te sientes cansado y agotado?

Nehemías 8:10 nos revela su secreto.

«Este día ha sido consagrado a nuestro Señor. No estén tristes, pues el gozo del Señor es nuestra fortaleza».[7]

> El gozo es diferente a la felicidad. La felicidad depende de lo que suceda. El gozo es interno.

A pesar de todos los enemigos que tenía, Nehemías se mantenía de buen ánimo porque tenía el gozo de Dios. El gozo es diferente a la felicidad. La felicidad depende de lo que suceda. El gozo es interno. No se basa en las circunstancias. Se puede tener gozo en medio de una tragedia. Se puede tener gozo, estando totalmente fatigado. «El gozo del Señor es nuestra fortaleza», dijo Nehemías.

Si quieres ser un líder como Nehemías, sé compasivo, medita y goza de buen ánimo.

4. Concentración

Nehemías siempre estaba concentrado en su meta. No dejaba que las cosas pequeñas lo distrajeran. En el capítulo dos, previó los problemas que le esperaban. Sabía que necesitaría madera, así que la pidió. Sabía que necesitaría protección en su viaje a Jerusalén, así que pidió por adelantado un salvoconducto. Necesitaría un lugar donde vivir, así que lo pidió por adelantado también. Está claro que lo tenía todo bien pensando antes de marcharse. Se había concentrado en lo que necesitaba tener.

Los líderes siempre piensan en el futuro. Siempre van por delante de todos los demás. Eso es lo que los separa de los seguidores. Esa manera de pensar —anticipar los problemas y tener ya una solución para enfrentarlos— exige concentración. Es una de las característica del liderazgo.

La resuelta capacidad de Nehemías para concentrarse es lo que lo ayudó a enfrentarse a las distracciones que le proporcionaban sus enemigos.

> *Los líderes siempre piensan en el futuro.*

> «*Entonces Sambalat y Guesén me enviaron este mensaje: "Tenemos que reunirnos contigo en alguna de las poblaciones del valle de Ono". En realidad, lo que planeaban era hacerme daño. Así que envié unos mensajeros a decirles: "Estoy ocupado en una gran obra, y no puedo ir. Si bajara yo a reunirme con ustedes, la obra se vería interrumpida". Cuatro veces me enviaron este mensaje, y otras tantas les respondí lo mismo*».[8]

Él sabía lo que estaban tramando sus enemigos, y se negó a dejar que lo distrajeran. Esa es una de las características del liderazgo: la capacidad de enfocarse en lo que se necesita hacer, sin dejar que lo distraigan. Nehemías no permitió que nada retrasara la terminación del muro.

> *Lo principal es que lo principal siga siendo lo principal.*

El principio de la concentración es este: *Lo principal es que lo principal siga siendo lo principal.* Esa es otra característica del liderazgo.

Pablo dijo: «*Esto hago*».[9] No dijo: «Estas cuarenta cosas trato de hacer al mismo tiempo». La luz, cuando está enfocada, tiene un poder inmenso. Se convierte en láser. En cambio, la luz difusa no tiene poder alguno. Mientras más enfocada esté tu vida, más eficaz serás.

Si tú no eres capaz de concentrarte por naturaleza, lo puedes aprender. Lo principal es negarte a dejar que te distraigan. Eso es lo que hizo Nehemías, y es una característica de los grandes líderes: la concentración, la capacidad para enfocarse en algo.

5. Creatividad

Nehemías era creativo a la hora de resolver problemas. Hay gente que piensa que se nace creativo, y es cierto, sin embargo, la creatividad es una habilidad que se puede aprender también. Si tú no te consideras una persona creativa, puedes desarrollar esa habilidad. Es simplemente una forma de pensar.

Hoy en día tenemos una gran cantidad de libros y recursos a nuestro alcance para enseñarnos a ser una persona más creativa. Edward de Bono, autor de *New Think*[a] y *Lateral Thinking*[b], es el mejor autor en el tema de la creatividad. También grabó una serie llamada «Six Thinking Hats», en la cual describe las seis formas distintas del pensar humano. O bien, hay un par de libros excelentes, escritos por Roger Von Oech: *A Whack on the Side of the Head*[c] y *A Kick in the Seat of the Pants*[d]. Esta clase de recursos te pueden ayudar a aprender a pensar creativamente. Te ayudarán a darte cuenta de que a veces está bien salirse de las líneas cuando se colorea.

Como líder, vas a tener que enfrentarte a nuevos desafíos. Y los nuevos desafíos exigen nuevas soluciones cuando las mismas cosas de siempre no funcionan.

Cuando los que se oponían desde el exterior a la reconstrucción de los muros dijeron: «Vamos a atacarlos mientras estén tratando de levantar los muros», Nehemías ideó una solución creativa.

> *«Así que puse a la gente por familias, con sus espadas, arcos y lanzas, detrás de las murallas, en los lugares más vulnerables y desguarnecidos».*[10]

Los dividió por familias y los puso frente a sus propias casas, para que edificaran la parte de los muros que estaba más cercana a ellas.

> *«Acuérdense del Señor, que es grande y temible, y peleen por sus hermanos, por sus hijos e hijas, y por sus esposas y sus hogares... A partir de aquel día la mitad de mi gente trabajaba en la obra, mientras la otra mitad permanecía armada con lanzas, escudos, arcos y corazas».*[11]

Cuando sus enemigos presentaron nuevos conflictos, Nehemías tomó un enfoque creativo para resolverlos.

Él sabía que la gente trabajaría con mayor eficacia en sus grupos naturales, así que lo organizó de esa forma. Además, al trabajar como una unidad familiar, lo natural era que se apoyaran mutuamente. Nehemías estaba siendo creativo. La mitad de ellos edificaba los muros, mientras que la otra mitad hacía guardia con espadas y lanzas. Después se intercambiaban las responsabilidades. Nehemías buscaba soluciones creativas a todos sus problemas.

Tú también puedes ser creativo a la hora de resolver problemas, si te decides a aprender a ser un líder como Nehemías.

6. Valor

Cuando pensamos en todo lo que soportó Nehemías mientras perseguía sus metas, vemos en él a un hombre de valor. Dejó un trabajo seguro, tranquilo y bien pagado, en el momento más elevado de su carrera, para ir donde nunca había estado antes, y a hacer algo para lo cual no había sido adiestrado. Aquí tenemos a un mayordomo que dice: «Voy a un país extraño para supervisar un proyecto de construcción». No tenía preparación alguna para lo que fue a hacer. Aquella decisión exigió valor. La tomó porque creía que Dios lo había llamado a aquella tarea.

> *«Un día, en el mes de Nisán del año veinte del reinado de Artajerjes, al ofrecerle vino al rey, como él nunca antes me había visto triste, me preguntó: ¿Por qué estás triste? No me parece que estés enfermo, así que debe haber algo que te está causando dolor.*
>
> *Yo sentí mucho miedo y* [subráyelo] *le respondí: ¡Qué viva Su Majestad para siempre! ¿Cómo no he de estar triste, si la ciudad donde están los sepulcros de mis padres se halla en ruinas, con sus puertas consumidas por el fuego? ¿Qué quieres que haga? replicó el rey. Encomendándome al Dios del cielo, le respondí: Si a Su Majestad le parece bien, y si este siervo suyo es digno de su favor, le ruego que me envíe a Judá para reedificar la ciudad donde están los sepulcros de mis padres».[12]*

Él sabía que la petición que le hizo al rey podía significar una sentencia de muerte automática si el rey se la rechazaba. No es de extrañarse que estuviera asustado. Cuando el rey le preguntó por qué estaba triste, él confesó en su diario: *«Sentí mucho miedo y le respondí...»*

Valor es cuando solo tú y Dios saben que tienes miedo. El valor no es la ausencia de temor, sino el seguir adelante a pesar del temor.

Cuando el enemigo vino y dijo que lo iba a atacar, Nehemías le dijo a su lector:

> «*Luego de examinar la situación, me levanté y dije a los nobles y gobernantes, y al resto del pueblo: "¡No les tengan miedo! Acuérdense del Señor, que es grande y temible, y peleen [subráyelo] por sus hermanos, por sus hijos e hijas, y por sus esposas y sus hogares"*».[13]

Nehemías nunca había estado a la cabeza de un ejército en toda su vida. Nunca había peleado una sola batalla. Sin embargo, sí tenía el valor necesario para hacer lo que Dios le había dicho que hiciera.

En el capítulo cinco se enfrentó a la corrupción política. Se enojó cuando llegó a su conocimiento la forma tan injusta en la que los ricos estaban tratando a los pobres. Entonces, se les enfrentó públicamente.

> «*Y después de reflexionar, reprendí a los nobles y gobernantes: ¡Es inconcebible que sus propios hermanos les exijan el pago de intereses! Convoqué además una gran asamblea contra ellos, y allí les recriminé: Hasta donde nos ha sido posible, hemos rescatado a nuestros hermanos judíos que fueron vendidos a los paganos. ¡Y ahora son ustedes quienes venden a sus hermanos, después de que nosotros los hemos rescatado! Todos se quedaron callados, pues no sabían qué responder. Yo añadí: Lo que están haciendo ustedes es incorrecto. ¿No deberían mostrar la debida reverencia a nuestro Dios y evitar así el reproche de los paganos, nuestros enemigos? Mis hermanos y mis criados, y hasta yo mismo, les hemos prestado dinero y trigo. Pero ahora, ¡quitémosles esa carga de encima! Yo les ruego que les devuelvan campos, viñedos, olivares y casas, y también el uno por ciento de la plata, del trigo, del vino y del aceite que ustedes les exigen. Está bien, respondieron ellos, haremos todo lo que nos has pedido. Se lo devolveremos todo, sin exigirles nada. Entonces llamé a los sacerdotes, y*

ante éstos les hice jurar que cumplirían su promesa. Luego me sacudí el manto y afirmé: ¡Así sacuda Dios y arroje de su casa y de sus propiedades a todo el que no cumpla esta promesa! ¡Así lo sacuda Dios y lo deje sin nada! Toda la asamblea respondió: ¡Amén! Y alabaron al Señor, y el pueblo cumplió lo prometido».[14]

El valor es característico en los grandes líderes.

¡Él estaba enojado! Los líderes necesitan tener el valor necesario para enfrentarse cuando vean cometer una injusticia.

¿Qué es el valor? En realidad, es un sinónimo de fe. Ser valiente significa estar dispuesto a correr un riesgo; dispuesto a dar un paso de fe. Eso es lo que hizo Nehemías. Si tú quieres caminar sobre el agua, necesitas bajarte de la barca. Tienes que arriesgarte, y algunas veces, eso significa que vas a tener que dar un primer paso de fe. El valor es característico en los grandes líderes.

7. Conciencia limpia

Nehemías era un hombre íntegro. Sabía manejar muy bien el éxito. La mayoría de nosotros manejamos mejor los fracasos que los éxitos, así que podemos aprender mucho si estudiamos su ejemplo.

«En cambio, los gobernadores que me precedieron habían impuesto cargas sobre el pueblo, y cada día les habían exigido comida y vino por un valor de cuarenta monedas de plata. También sus criados oprimían al pueblo. En cambio yo, por temor a Dios, no hice eso».[15]

Nehemías había sido nombrado gobernador de aquella región por Artajerjes, el rey de Persia, el hombre más poderoso de sus tiempos. Eso lo convertía en el hombre más poderoso de toda Judea. Durante los doce años que ocupó aquel cargo, habría podido hacer cuanto quisiera. Habría podido ser como muchos dictadores modernos, y reunir una considerable fortuna personal. Él era el hombre más poderoso de aquellas tierras, no tenía que informar a nadie, ni tenía que rendir cuentas ante nadie. En cambio, decidió rechazar la tentación de las riquezas, a favor de la compasión hacia el pueblo.

Nehemías era un hombre íntegro. Porque se negó a beneficiarse de su posición, porque fue generoso con los pobres y ayudó a enderezar las injusticias, Nehemías era un hombre con la conciencia limpia.

Cuando uno triunfa, hay tres cosas que acompañan al triunfo: el poder, el prestigio y los privilegios. Y uno se siente tentado a abusar de las tres cosas. Nehemías se resistió ante esas tentaciones, por reverencia hacia Dios. Era un líder con una conciencia limpia.

8. Convicciones

Los grandes líderes tienen fuertes convicciones. Se puede discutir por opiniones, pero las convicciones son algo por lo que uno está dispuesto a morir. Nehemías era un hombre con convicciones. Creía que Dios lo había llamado a realizar aquel trabajo, y no había nada que lo pudiera detener. Nada de lo que intentaron sus enemigos pudo impedir que se levantaran aquellos muros. Probaron con las burlas, el desaliento, el temor, la discordia, las divisiones, las distracciones, la difamación e incluso la amenaza. Sin embargo, nada pudo sacar a Nehemías de sus profundas convicciones.

Él basaba sus convicciones en estas cuatro cosas: 1) un motivo impulsor; 2) una perspectiva clara; 3) una oración continua y 4) una intrépida perseverancia.

Nehemías siguió adelante a pesar de todo. Aunque él y Pablo nunca se conocieron, ambos comprendían lo mismo:

«*No nos cansemos de hacer el bien, porque a su debido tiempo cosecharemos si no nos damos por vencidos*».[16]

Padre, el viaje ha sido emocionante mientras recorríamos con Nehemías la ruta del liderazgo. Él nos ha enseñado mucho acerca de este tema; unas lecciones que podemos aplicar a la práctica como líderes de nuestra iglesia, nuestro hogar o nuestro trabajo. Todos somos llamados a ser líderes en diferentes momentos. Te pedimos que podamos comprender que el fundamento del liderazgo es el carácter; no el carisma, ni los estudios o los talentos, sino el carácter.

¿Quieres incorporar esas cualidades a nuestra vida? Te pido por todas las personas que lean este libro, para que les des oportunidades de fortalecer sus aspectos débiles y acercarse cada día más a lo que tú quieres que sean. Te lo pedimos en el nombre de Jesús. Amén.

[a] Edward deBono, *New Think*, Nueva York, Avon, 1971.
[b] Edward deBono, *Lateral Thinking*, Harper & Rowe, 1970.
[c] Roger von Oech, *A Whack on the Side of the Head*, HarperCollins Publishers, 1990.
[d] Roger von Oech, *A Kick in the Seat of the Pants*, Perennial Currents, 1986.

Guía para la aplicación del principio
del capítulo 11

Lo que se necesita para ser un gran Líder

Aplicando los propósitos de Dios

Comunión — Uno de los propósitos del cuerpo de Cristo es levantar a otros.
- ¿Hay alguien en tu grupo pequeño o en tu comunidad cristiana que necesite una palabra de aliento?
- Si Dios te está revelando su nombre, ¿quién debe ofrecerse para dársela?
- ¿Podría ser que Dios te esté llamando?

Discipulado — Aprendemos a ser como Jesús al pasar tiempo con Él. Eso es el Discipulado, querer ser como Jesús. Él nos enseña a caminar y a obedecer.
- La habilidad de observar nos hace discípulos de Cristo.
- Nehemías sabía cómo concentrarse, porque él sabía observar. Él pasaba largas horas en oración buscando las respuestas correctas. ¿Qué características de Nehemías puedes aplicar para enfocarte mejor?

Ministerio — Si Dios te ha llamado a ser líder, tu ministerio está con las personas que tú lideras. ¿Saben ellos
que tú les amas?

> *"El liderazgo sin amor, no es otra*
> *cosa que manipulación".*

El mundo está lleno de ejemplos de esta verdad.
- ¿Cuál es el siguiente paso a tomar para mostrar
tu amor por la gente?
- ¿Cuán deseoso estás de ser un líder como
Nehemías?

> *"Ustedes son la luz del mundo. Una ciudad en lo alto*
> *de una colina no puede esconderse."*
> MATEO *5: 14*

Evangelismo — Jesús nos llama a ser la luz del mundo
(Mateo 5: 14), así es como ganaremos a otros para el
reino de Cristo. La luz focalizada tiene poder. La luz
que se dispersa pierde poder. La luz difusa no tiene
ningún poder.
- ¿Qué clase de luz eres tú?
- ¿Cómo puedes desarrollar tu habilidad para enfocar tu luz a quienes la necesiten?

Adoración — Nehemías reconoció la importancia de identificar quién es Dios. Cuando adoramos a Dios, estamos reconociendo Su carácter. Una y otra vez vemos
cómo Nehemías identifica a Dios como: grandioso,
maravilloso, poderoso y lleno de gracia.
- ¿Cómo se ve afectado tu liderazgo por la forma
en que ves a Dios?

- ¿Qué puedes hacer en tus momentos de sosiego para mejorar tu relación con Dios? Él quiere desarrollar Su carácter en ti. ¿Estás cooperando con Él para que eso suceda?
- Si quieres ser un líder usado por Dios, debes reflejar Su carácter. Conócelo primero y el resto vendrá por añadidura.
- ¿Qué será la próxima cosa que hagas como resultado del liderazgo? Escríbelo y ponle fecha. Pídele a un compañero que te apoye en tu compromiso inspeccionando el progreso de tu proyecto.

«Cielo y tierra pasarán, más Su palabra nunca pasará».
MATEO 24:35
MARCOS 13:31
LUCAS 21:33

PUNTOS DE REFLEXIÓN:

- ¿Cuál de las ocho cualidades para ser un buen líder es la más fuerte en ti?

- ¿Cuál es la más débil? Escríbela. ¿Cuán vulnerable eres en esa área de debilidad?

- ¿Cuál te gustaría desarrollar más? Reconoce la necesidad de identificar claramente algo en lo que vas a trabajar.

- ¿Qué harás esta semana para practicar esta cualidad? Piensa en un proyecto que a Dios le gustaría que hicieses.

Recuerde las grandes lecciones de la vida de Nehemías:

¡Nunca te rindas!
Tu carácter es lo que tendrás en la eternidad.

12

EPÍLOGO:
CÓMO NEHEMÍAS LIDERÓ
AL ESTILO DE JESÚS,
EL LÍDER DE LÍDERES

Espero que mientras leías este libro hayas estado pensando en las cualidades de carácter que Dios quiere desarrollar en tu vida. ¿Estás dispuesto a ser otro Nehemías comprometido a hacer cuanto Dios te pida para cambiar las cosas en tu entorno?

Piensa en todo lo que has leído acerca de Nehemías, y hazte estas preguntas:

1. ¿Cuáles de estas cualidades de carácter son las más duras en tu vida?

- Compasión
- Meditación
- Actitud positiva
- Concentración
- Creatividad
- Valor
- Integridad
- Convicciones

2. ¿Cuáles de esas cualidades de carácter son las más débiles en ti?

3. ¿Cuáles de esas cualidades de carácter quisieras desarrollar más? Es difícil trabajar en algo que uno no ha identificado con claridad.

4. ¿Qué puedes hacer tú ahora mismo para practicar esta cualidad? ¿Hay algún proyecto en el que estés trabajando en estos momentos, o alguno que vayas a comenzar, en el que tengas oportunidades de manifestar la cualidad en la que quieres trabajar? Oblígate si es necesario a hacer una aplicación práctica. Si no lo haces conscientemente, es posible que no suceda, y sería una vergüenza que no dejaras que se desarrollen los propósitos de Dios para tu vida como líder.

La razón por la cual Nehemías es un ejemplo tan maravilloso para nosotros hoy, es porque simplemente, sabía ser un líder al estilo de Jesús. Aunque vivió antes de los tiempos de Cristo, y aunque nunca conoció al apóstol Pablo, Nehemías entendía que la fe, la esperanza y el amor son los ingredientes secretos del líder eficaz. Mi meta al presentarte este libro es que tú te las arregles para que estas cosas dejen de ser secretos. Corre la voz. Aprende a ser líder al estilo de Nehemías, a base de aprender a ser líder al estilo de Jesús. Sé un ejemplo que otros sigan. Juntos, podemos formar parte del plan de Dios para el reino de los cielos. Podemos cambiar las cosas en la eternidad. Más allá de las características de los líderes del Tipo Uno y del Tipo Dos, se encuentra el llamado más alto al liderazgo espiritual.

Quiero terminar el libro presentando las siete responsabilidades de un líder espiritual. Estúdialas y aplícalas en la práctica. Si lo haces, aprenderás a ser un líder al estilo de Nehemías. Cuando te decidas a dejar de seguir a otros y comenzar a ser líder, estarás motivado por la fe en Dios, la esperanza del cielo y el amor a los demás, y aprenderás a ser líder al estilo de Jesús, observa lo que Él hacía:

1. Los ayudaba a conocer a Dios

Tu primera responsabilidad como líder cristiano es ayudar a los demás para que conozcan a Dios. Lo que está en juego es la eternidad: vida o muerte; cielo o infierno.

> *«A los que me diste del mundo les he revelado quién eres. Eran tuyos; tú me los diste y ellos han obedecido tu palabra».*[1]

Toda vida es un préstamo hecho por Dios. Él nos creó a todos y cada uno de nosotros. Como líder, las responsabilidades que Dios te ha dado tienen que ver en realidad con la mayordomía. Tú necesitas decirle a Dios: «Soy el administrador de lo que tú pusiste a mi cuidado».

Lo que está en juego es la eternidad: vida o muerte; cielo o infierno.

Observa que Jesús no dice: «A los que tú me diste, les di una conferencia sobre cómo eres». Lo que hizo fue revelárselo. Jesús guiaba por medio del ejemplo. He aquí un pensamiento profundo que nos debería asustar —como líderes, ya sea en la iglesia, en el mundo de los negocios o en la familia—: lo que otros piensen acerca de Dios se va a fundamentar mayormente en lo que piensen acerca de ti.

Lo que otros piensen acerca de Dios se va a fundamentar mayormente en lo que piensen acerca de ti.

Si tú eres impaciente y exigente, harás que Dios parezca también impaciente y exigente. Si tú eres distante y despegado, harás que Dios tenga ese aspecto. En este mundo son muchas las personas que nunca han tenido una buena relación con su padre terrenal. Tal vez una de ellas seas tú. Pero ahora, tú has acudido a Dios, que es tu Padre perfecto. ¿Cómo quieres que los demás lo vean a Él? Asegúrate de que sea eso lo que ven en ti.

Los cristianos tenemos una responsabilidad con los que no conocen a Cristo. ¿Estás seguro de que todos aquellos a quienes tú guías son creyentes? Dios te está dando una oportunidad para que seas el conducto, el mensajero, el ejemplo que ellos observen para ver cómo es él. Si la gente se siente atraída hacia las cualidades que ve en ti, es más probable que se sienta atraída hacia Dios.

Verás, el nacimiento espiritual siempre precede al crecimiento espiritual. Y antes de poder crecer espiritualmente, la persona tiene que conocer a Dios personalmente. Aquí estamos pensando en función del cielo o el infierno. Estamos hablando de cuestiones eternas.

2. Les enseñaba la Palabra de Dios

> *«Porque les he entregado las palabras que me diste, y ellos las aceptaron; saben con certeza que salí de ti, y han creído que tú me enviaste».*[2]

La Palabra de Dios es nuestro fundamento. Es aquello sobre lo cual edificamos nuestra vida. Es sólida. Es nuestro manual. Es nuestro libro de texto.

Jesús dijo: *«Y conocerán la verdad, y la verdad los hará libres».*[3] Dios quiere que todos seamos libres. No quiere nadie esclavizado por el pecado, la culpa, la angustia o el resentimiento. No quiere que nos presionen las expectativas de los demás. Solo una vida edificada sobre la Palabra de Dios puede conocer la libertad genuina. Como líder, ¿qué puedes hacer para enseñar a los demás a apoyarse en la Palabra de Dios como la única autoridad sobre su vida? Antes de poderla enseñar, tienes que conocerla. Y para muchos, eso significa ponerse al día y meterse a estudiarla a fondo.

3. Oraba por ellos

> *«Ruego por ellos. No ruego por el mundo, sino por los que me has dado, porque son tuyos».*[4]

Jesús oraba por la gente que lideraba. Para que tú hagas algo significativo como líder espiritual, Dios quiere que hagas lo mismo.

Adorar es disfrutar de Dios. Cuando aprendas a vivir con gozo para Cristo, estarás llevando una vida de adoración.

¿Sobre qué oraré? Ora sobre los cinco propósitos de Dios. Esos cinco propósitos divinos son los mismos para todo el mundo. Jesús los menciona todos. De hecho, oró sobre esos cinco propósitos acerca de aquellos de quienes Él era el líder.

En primer lugar, oró a fin de que vivieran con gozo para él.

> *«Ahora vuelvo a ti, pero digo estas cosas mientras todavía estoy en el mundo, para que tengan mi alegría en plenitud».*[5]

Adorar es disfrutar de Dios. Cuando aprendas a vivir con gozo para Cristo, estarás llevando una vida de adoración.

> *«No te pido que los quites del mundo, sino que los protejas del maligno».*[6]

¿De qué manera se crece espiritualmente? No crecemos cuando las cosas son cómodas, fáciles o convenientes. De hecho, cuando las cosas van estupendamente en la vida, es probable que no estemos creciendo. Crecemos por medio de las pruebas, las tribulaciones, los problemas, e incluso las tentaciones. Siempre se trata de una oportunidad de tomar la decisión correcta. Crecemos por medio de los problemas, las presiones, el estrés y las situaciones que causan problemas. Así que cuando Jesús ora para pedir que crezcan, no está orando para que Dios les haga la vida fácil.

«Santifícalos en la verdad; tu palabra es la verdad».[7]

Otras versiones de la Biblia dicen: *«Prepáralos para servirte por medio de tu verdad. Tus enseñanzas son verdaderas».* El líder espiritual ora para que su gente sirva a Cristo con eficacia, viva para Cristo con gozo y crezca espiritualmente para servirlo mejor.

«No ruego solo por éstos. Ruego también por los que han de creer en mí por el mensaje de ellos, para que todos sean uno. Padre, así como tú estás en mí y yo en ti, permite que ellos también estén en nosotros, para que el mundo crea que tú me has enviado».[8]

El líder espiritual ora para que los demás experimenten personalmente la comunión con Dios. Recuerda que esta vida es una preparación para la eternidad. Una de las cosas que vamos a hacer en el cielo es amarnos unos a otros. Eso se llama comunión. Y la mayor asignatura que podemos aprobar en la vida terrenal es la de aprender a amarnos de verdad. El mundo se va a *ganar* cuando el pueblo de Dios sea *uno*. Ora por aquellos de quienes eres líder. Pídele a Dios que los traiga a tu familia.

Jesús oró para que sus discípulos le llevaran continuamente a otros. Dice en el versículo 20: *«No ruego solo por éstos. Ruego también por los que han de creer en mí por el mensaje de ellos».* Él esperaba de nosotros que nos reprodujéramos. Así que ora para que aquellos a quienes guías se conviertan en evangelistas para Cristo.

4. Les infundía su carácter

> «Yo les he dado la gloria que me diste, para que sean
> uno, así como nosotros somos uno».[9]

¿Qué es la gloria de Dios? Es su carácter, su naturaleza. Es lo que Dios es. Es su ser mismo. Cuando Jesús dice: «Yo les he dado la gloria que me diste», está diciendo: «Yo estoy poniendo en ellos mi carácter, mis cualidades».

En tu calidad de líder cristiano, tu vida está en continua exhibición ante aquellos a quienes guías. La meta de la vida es crecer en carácter y semejanza a Jesucristo. Eso significa desarrollar en nosotros sus cualidades: integridad, generosidad y humildad. Significa cumplir su Palabra y servir a los demás, y hacerlo todo con confianza, perseverancia y paciencia. Todas esas cualidades las hallamos en la vida de nuestro Señor. Nuestra meta es integrarlas en nuestra vida y en la vida de aquellos que nos consideran sus líderes.

5. Protegía su crecimiento espiritual

> «Mientras estaba con ellos, los protegía y los preservaba
> mediante el nombre que me diste, y ninguno se perdió
> sino aquel que nació para perderse, a fin de que se
> cumpliera la Escritura».[10]

La señal del líder espiritual es la protección. Él los guarda. Él protege el crecimiento espiritual de aquellos que están bajo su cuidado.

> «Cuiden como pastores el rebaño de Dios que está a su
> cargo, no por obligación ni por ambición de dinero,
> sino con afán de servir, como Dios quiere. No sean
> tiranos con los que están a su cuidado, sino sean ejem-
> plos para el rebaño».[11]

6. Los enviaba para que sirvieran a Dios

«Como tú me enviaste al mundo, yo los envío también al mundo».[12]

> La meta del líder es trabajar para quedarse sin trabajo.

Una paráfrasis de la Biblia dice: *«De la misma forma que tú me diste una misión que cumplir en el mundo, ahora yo les doy a ellos una misión en el mundo».* La meta del líder es trabajar para quedarse sin trabajo. Como líderes cristianos estamos preparando y adiestrando continuamente a la próxima generación de líderes. Asegúrate de estarlos preparando para enviarlos, ni administrándolos totalmente ni controlando todos sus movimientos.

7. Fue modelo de compromiso

«Y por ellos me santifico a mí mismo, para que también ellos sean santificados en la verdad».[13]

Nadie te puede llevar espiritualmente más allá, de donde tú mismo estás. ¿A qué ven los demás que tú te has consagrado? ¿Con qué ven que te has comprometido? ¿Con qué quieres que te vean comprometido?

Te sugiero que te comprometas con los cinco propósitos de Dios para tu vida: Comprométete a conocerlo y amarlo a él (adoración). Comprométete a aprender a amar a los demás en comunión (compañerismo). Comprométete a crecer en un carácter semejante al de Cristo (discipulado). Comprométete a ser un servidor en la vida, y no solo un aprovechador (ministerio). Disponte a servir a los demás desinteresadamente.

Comprométete a compartir las buenas nuevas (evangelismo). Cuando te comprometas con los propósitos de Dios para tu vida, los demás verán ese compromiso tuyo. El atractivo de un corazón entregado por completo a Dios es irresistible.

Date cuenta de que tu papel de líder solo es temporal. No va a durar para siempre, así que lo tienes que aprovechar al máximo ahora. Nunca es demasiado tarde para comenzar a ser un líder al estilo de Nehemías. Cualquiera que sea tu situación actual en la vida, también puedes ser un líder al estilo de Jesús.

Padre, te doy las gracias porque no nos has dejado huérfanos ni abandonados en este mundo, sino que nos has dado ejemplos de carne y hueso que seguir, como Nehemías y como Jesús.

Danos un corazón que palpite al mismo ritmo que el tuyo, Señor, cuando tratemos de convertirnos en líderes capaces de cambiar las cosas en la vida. Desafíanos a diario y recuérdanos todos los días lo importante que es:

- *Ayudar a los demás a llegar a conocerte.*
- *Enseñar tu Palabra.*
- *Orar por aquellos que tú has puesto bajo nuestro liderazgo.*
- *Edificar tu carácter en nosotros mismos y en los demás.*
- *Proteger el crecimiento espiritual de mis discípulos.*
- *Enviarlos para que cumplan tus propósitos.*
- *Y ser modelo de un compromiso semejante al tuyo.*

Señor, te pido que las lecciones de este libro, unidas al poder de tu Palabra y a la presencia del Espíritu Santo en nuestra vida, nos conviertan en líderes como Nehemías; líderes como Jesús... Líderes que ganemos corazones y mentes para el cielo. En el nombre de Jesús te lo pedimos. Amén.

Guía para la aplicación del principio
del capítulo 12

Epílogo: Cómo Nehemías lideró al estilo de Jesús, el líder de líderes

Aplicando los propósitos de Dios

Comunidad — *Cuando nos volvemos cristianos, la Biblia dice que somos miembros del cuerpo de Cristo.*
- El amor es una acción, no un sentimiento. ¿Qué estas haciendo hoy para demostrar tu amor por otros miembros de la familia de Dios?
- ¿Cómo estás modelando un amor como el de Cristo por otros cristianos a través de tu vida, como un ejemplo para otros?

Discipulado — *Un discípulo refleja las enseñanzas de su maestro.* Como cristianos debemos seguir el modelo de Cristo aprendiendo de El.
- Qué estás haciendo para asegurar constancia, crecimiento personal constante en tu carácter como Cristo?
- ¿Hay algún compromiso al que Dios te esté llamando que has dejado de lado? Por qué no pedirle que te revele para que sepas lo que es. Recuerda: si estás insatisfecho en cualquier parte

de tu Iglesia u organización, ese puede ser justo el lugar en el que Dios te llama a liderar.

Ministerio — Como miembros de la familia de Dios, estamos llamados a servirnos unos a otros, tal como lo hacemos como miembros de nuestros hogares.
* ¿Dónde estás sirviendo al cuerpo de Cristo?
* Si Dios te ha revelado una área de servicio mientras hayas leído este libro, ¿que harás al respecto?
* ¿Cómo puedes estar seguro de que no estás perdiendo oportunidades de servir a tu alrededor?

"Por ellos me santifico a mí mismo, para que también ellos sean santificados en la verdad." JUAN 17:19

Evangelismo — *Ninguna herramienta es mejor para ganar almas y corazones para el Reino de Dios que otra persona que alcanza a otros con su propio corazón y alma.*
* ¿Qué diferencia ha hecho Dios en tu vida?
* ¿Cómo estás compartiendo ese mensaje con otros?
* A veces, el estar alrededor de personas que parecen ser casos perdidos puede ser desalentador. Pero piensa en tu vida anterior, antes de que Cristo entrara en ella. ¿Le das esa imagen de esperanza renovada a los otros? Sé como Nehemías— ¡no te rindas! ¿A quién puedes alcanzar con tu historia de esperanza?

Adoración — *Mientras adoramos a Dios, nos volvemos más como Él.* Recuerda que Su Gloria es Su carácter, así que mientras nos acercamos a Él, mientras nos metemos en su rostro, no podemos evitar reflejar su carácter.

- ¿Es tu vida un reflejo del Dios que conoces?
- ¿Qué has aprendido respecto a la adoración en este libro que no hayas sabido antes? ¿Qué diferencia está haciendo esta lección en tu vida?
- ¿Cómo adoraba Nehemías a Dios? ¿Cómo reflejaban sus acciones un corazón de adoración? En tu vida, ¿Qué evidencia hay de esa adoración?

¿Qué harás a continuación como resultado de haber leído este libro? Escríbelo con la fecha. Cuéntale a tu socio confiable y pídele que guarde tu compromiso revisando periódicamente tu progreso.

«El cielo y la tierra pasarán,
pero mis palabras no pasarán».
MATEO 24:35; MARCOS 13:31; LUCAS 21:33

PUNTOS DE REFLEXIÓN:

* ¿Dónde necesitas aprender a liderar como Jesús? Revisa los cinco propósitos para tu vida. Asegúrate de incorporarlos diariamente. ¿Cómo puedes estar seguro de que estás haciendo eso?

* ¿Qué estás haciendo para trabajar con esos propósitos en la vida de otros? ¿Cómo puedes modelar a Jesús para alguien hoy en día?

* ¿Cuándo esperas comenzar a aplicar estas lecciones que has aprendido en este libro? ¿Por dónde comenzarás?

* ¿Por qué es crítico para ti el liderar como Nehemías? ¿Por qué es esencial para ti el aprender a liderar como Jesús?

Recuerda las palabras de partida de Jesús:

"Ya no voy a estar por más tiempo en el mundo, pero ellos están todavía en el mundo, y yo vuelvo a ti." "Padre santo, protégelos con el poder de tu nombre, el nombre que me diste, para que sean uno, lo mismo que nosotros."

Asegúrate de estar orando estas palabras por aquellos que Dios ha puesto en tu cuidado—ya sea un grupo de trabajo, un grupo en la Iglesia, o tus hijos, sé un Jesús de carne y hueso para ellos.

CITAS BÍBLICAS

Capítulo 1
1. Proverbios 28:2
2. Proverbios 28:2 (RVR-60)
3. Jueces 21:25
4. 1 Timoteo 4:12
5. Juan 10:27
6. 1 Corintios 11:1
7. Hebreos 13:7 (Biblia castellana, IBS)
8. Filipenses 4:9
9. Eclesiastés 10:10
10. Nehemías 1:1-4
11. Lucas 16:10-13

Capítulo 2
1. Ezequiel 22:30
2. Juan 15:5
3. Mateo 5:3
4. Isaías 40:31
5. Jeremías 33:3
6. Nehemías 1:5
7. Nehemías 1:6-7
8. Salmo 51:4
9. Nehemías 1:8-9
10. Nehemías 1:10-11
11. Filipenses 4:19

Capítulo 3
1. Jeremías 29:11
2. 1 Corintios 14:33
3. Proverbios 4:26
4. Proverbios 16:9
5. 1 Corintios 14:40
6. Efesios 5:15-17

7. Proverbios 13:16
8. Proverbios 14:8
9. Nehemías 2:1-2
10. Nehemías 2:3
11. Nehemías 2:3
12. Nehemías 2:5
13. Nehemías 2:6
14. Nehemías 2:7
15. Proverbios 27:12 (Biblia al Día)
16. Nehemías 2:8
17. Lucas 14:28
18. Santiago 4:2
19. Proverbios 21:1
20. Nehemías 2:8
21. Proverbios 16:1 (Biblia al Día)
22. Nehemías 2:9
23. Efesios 3:20

Capítulo 4
1. Nehemías 2:10
2. 1 Corintios 16:8-9
3. Nehemías 2:11
4. Eclesiastés 3:7
5. Eclesiastés 8:6
6. Nehemías 2:12-13
7. Nehemías 2:16
8. Proverbios 23:23
9. Proverbios 18:13
10. Proverbios 14:15 (Biblia al Día)
11. Nehemías 2:17-18
12. Nehemías 2:18
13. 1 Corintios 11:1

14. Nehemías 2:19
15. Nehemías 2:20
16. 1 Juan 3:13
17. Proverbios 14:15 (Biblia al Día)

Capítulo 5
1. 1 Corintios 14:40
2. Nehemías 3:5
3. Nehemías 3:10
4. Nehemías 3:23-30
5. Nehemías 3:1
6. Eclesiastés 4:9-10
7. Nehemías 3:20
8. Nehemías 3:12
9. Nehemías 3:5
10. Romanos 14:12
11. Lucas 16:12
12. 1 Corintios 15:58
13. Romanos 12:4-8
14. 2 Timoteo 3:16-17

Capítulo 6
1. Nehemías 4:1-3
2. Nehemías 4:6-8
3. Nehemías 4:11-12
4. Nehemías 4:10-11
5. Nehemías 4:6
6. Nehemías 4:4-5
7. Proverbios 26:4
8. Nehemías 4:9
9. Nehemías 4:13
10. Nehemías 4:16-20
11. Nehemías 4:13
12. Nehemías 4:14

13. Lucas 12:4-5
14. Nehemías 4:19
15. Nehemías 4:15
16. Nehemías 4:8
17. Nehemías 4:11
18. Nehemías 4:21-23

Capítulo 7
1. Marcos 3:25
2. Nehemías 5:1-2
3. Nehemías 5:3
4. Nehemías 5:4
5. Nehemías 5:5
6. Santiago 4:1
7. Nehemías 5:6
8. Efesios 4:26a
9. Nehemías 5:7
10. Santiago 1:19-20
11. Nehemías 5:7
12. Mateo 18:15-17
13. Tito 3:10-11
14. Nehemías 5:7-8
15. Nehemías 5:9
16. Nehemías 5:10-11
17. Nehemías 5:12
18. Nehemías 5:13
19. Nehemías 5:14-18
20. 1 Corintios 11:1
21. Efesios 4:3
22. Juan 13:35
23. Mateo 5:9

Capítulo 8
1. 1 Corintios 10:12
2. Nehemías 5:15a
3. Nehemías 5:15b
4. Nehemías 5:15c
5. Nehemías 5:14
6. Salmo 75:6-7
7. Salmo 111:10
8. Hebreos 13:17
9. Santiago 3:1
10. Nehemías 5:17-18
11. Salmo 78:72

12. 1 Tesalonicenses 2:8
13. Nehemías 5:6
14. Nehemías 5:19
15. Nehemías 5:16
16. 1 Corintios 9:1-6
17. 1 Corintios 9:11-12a
18. 1 Corintios 9:12b
19. Hebreos 11:25
20. Hebreos 6:10
21. 1 Pedro 5:1-4
22. Mateo 23:11
23. 2 Corintios 5:11-12
24. Hebreos 13:17
25. Mateo 25:23

Capítulo 9
1. Nehemías 6:15
2. Nehemías 6:1-4
3. Nehemías 6:5-9a
4. Mateo 5:11-12a
5. Nehemías 6:9a
6. Nehemías 6:9b
7. Nehemías 6:10-14
8. Nehemías 6:13
9. Nehemías 6:16
10. Mateo 16:26
11. 2 Corintios 5:14
12. Mateo 22:37-40
13. Mateo 28:19-20
14. Santiago 1:5
15. Lucas 18:1
16. Gálatas 6:9

Capítulo 10
1. Nehemías 6:15
2. Tito 1:5
3. Tito 1:5 (RVR-60)
4. Nehemías 7:1
5. Nehemías 7:2
6. Nehemías 7:2
7. Nehemías 7:2a
8. 1 Timoteo 3:10
9. Mateo 25:23
10. 2 Timoteo 2:2

11. Nehemías 7:3
12. 1 Pedro 1:13
13. Nehemías 7:4-5
14. Nehemías 7:4-5
15. Proverbios 27:23
16. Juan 10:14
17. Nehemías 7:70-72

Capítulo 11
1. Nehemías 6:15
2. Nehemías 1:4
3. Nehemías 5:6
4. Nehemías 1:5-6a
5. Nehemías 5:6-7a
6. Nehemías 2:1
7. Nehemías 8:10
8. Nehemías 6:2-4
9. Filipenses 3:13
10. Nehemías 4:13
11. Nehemías 4:14-16
12. Nehemías 2:1-5
13. Nehemías 4:14
14. Nehemías 5:7-13
15. Nehemías 5:15
16. Gálatas 6:9

Epílogo
Capítulo 12
1. Juan 17:6
2. Juan 17:8
3. Juan 8:32
4. Juan 17:9
5. Juan 17:13
6. Juan 17:15
7. Juan 17:17
8. Juan 17:20-21
9. Juan 17:22
10. Juan 17:12
11. 1 Pedro 5:2-3
12. Juan 17:18
13. Juan 17:19

La Pasión

El propósito y la persona de Jesucristo
Guía de estudio con video para grupos pequeños

Estudio sobre la pasión de Cristo, que lo hará experimentar de nuevo la profundidad del amor que Dios siente por usted.

1-4174-0280-6

Viviendo la vida juntos

Ayudará a tu grupo a descubrir para qué nos ha creado Dios y cómo lograr que este sueño sea realidad cada día. Experimenta esta transformación de primera mano Conectándonos, Creciendo, Desarrollando, Compartiendo y Entregando nuestra vida juntos delante de Dios.

0-8297-4549-1	0-8297-4551-3	0-8297-4547-5
0-8297-4546-7	0-8297-4550-5	0-8297-4545-9

Celebremos la recuperación

Es el primer y único Programa de Estudio para la recuperación: Distintivamente cristiano. Intransigentemente bíblico. Designado especialmente para las iglesias.

Este programa ayuda a resolver problemas tan dolorosos como: EL ALCOHOLISMO. EL DIVORCIO. EL ABUSO SEXUAL. LA CODEPENDENCIA. LA ADICCIÓN A LAS DROGRAS. LA VIOLENCIA DOMÉSTICA. LA ADICCIÓN SEXUAL.

0-8297-3836-3	0-8297-3929-7	0-8297-3837-1
0-8297-3838-X	0-8297-3839-8	0-8297-3840-1

Santa Biblia de Estudio Punto de Partida

0-8297-3756-1

La Biblia de Estudio Punto de Partida NVI le ayuda a comenzar su travesía cristiana, al acomodar las cosas en su justo lugar para que pueda edificar una vida de seguimiento a Jesús. Esta obra le ayudará a descubrir lo que dice la Biblia, lo que significa, y cómo esto se aplica a su vida. La Biblia de Estudio Punto de Partida NIV le muestra con claridad las Escrituras y el corazón de Dios. Sus numerosas anotaciones están basadas en las experiencias del Luis Palau Evangelistic Association y Next Generation Alliance.

Una vida con propósito CD

Estas grabaciones ofrecen las pautas a seguir para llevar una vida cristiana en el siglo veintiuno... un estilo de vida basado en los propósitos eternos de Dios, no en los valores culturales. Usando más de 1,200 citas bíblicas y referencias a las Escrituras, las mismas ofrecen un reto a las definiciones convencionales de adoración, comunión, discipulado, ministerio y evangelismo.

0-8297-4535-1

Nos agradaría recibir noticias suyas.
Por favor, envíe sus comentarios sobre este libro
a la dirección que aparece a continuación.
Muchas gracias.

Vida@zondervan.com
www.editorialvida.com